JN328861

聴導犬ロッキー

犬の訓練ひとすじ、藤井《ふじい》多嘉史《たかし》ものがたり

桑原崇寿・作
日高康志・画

ハート出版

聴導犬《ちょうどうけん》 1号《ごう》のロッキー号《ごう》

「身体《しんたい》障害者《しょうがいしゃ》補助犬《ほじょけん》法《ほう》」を知《し》っていますか？

平成《へいせい》15年《ねん》10月《がつ》から、身体障害者補助犬法《しんたいしょうがいしゃほじょけんほう》という法律《ほうりつ》が全面《ぜんめん》施行《せこう》されています。

補助犬《ほじょけん》とは、目《め》や耳《みみ》、からだの不自由《ふじゆう》な人《ひと》のために働《はたら》く「盲導犬《もうどうけん》」、「聴導犬《ちょうどうけん》」、「介助犬《かいじょけん》」のことをいいます。ペットではありません。

法律《ほうりつ》で認《みと》められた補助犬《ほじょけん》は、公共《こうきょう》の施設《しせつ》や交通機関《こうつうきかん》はもちろん、デパートやスーパー、ホテル、飲食店《いんしょくてん》など一般的《いっぱんてき》な施設《しせつ》にも、同伴《どうはん》（人《ひと》といっしょに入《はい》ること）できるようになりました。

ですから、宿泊施設《しゅくはくしせつ》や飲食店《いんしょくてん》で補助犬《ほじょけん》の同伴《どうはん》を断《ことわ》ったりしてはいけません。

また、国民《こくみん》は、補助犬《ほじょけん》を使用《しよう》する身体障害者《しんたいしょうがいしゃ》に対《たい》して、必要《ひつよう》な協力《きょうりょく》をするように努《つと》めなければなりません。

くわしくは、厚生労働省《こうせいろうどうしょう》のホームページを見《み》てね。

http://www.mhlw.go.jp/topics/bukyoku/syakai/hojyoken/index.html

目《め》の見《み》えない人《ひと》を助《たす》ける犬《いぬ》を、盲導犬《もうどうけん》といいます。日本《にほん》で最初《さいしょ》に盲導犬《もうどうけん》になった犬《いぬ》は「チャンピィ号《ごう》」で、昭和《しょうわ》三十二年《ねん》のことでした。チャンピィを盲導犬《もうどうけん》に育《そだ》てた人《ひと》は、犬《いぬ》の訓練士《くんれんし》の塩屋賢一《しおやけんいち》さんです。塩屋《しおや》さんは「日本《にほん》の盲導犬《もうどうけん》の父《ちち》」と呼《よ》ばれ、アイメイト協会《きょうかい》を設立《せつりつ》しました。

耳《みみ》の聞《き》こえない人《ひと》を助《たす》ける犬《いぬ》を、聴導犬《ちょうどうけん》といいます。日本《にほん》で最初《さいしょ》に聴導犬《ちょうどうけん》になった犬《いぬ》は「ロッキー号《ごう》」で、昭和《しょうわ》五十九年《ねん》のことでした。

ロッキーを聴導犬《ちょうどうけん》に育《そだ》てた人《ひと》は、犬《いぬ》の訓練士《くんれんし》の藤井多嘉史《ふじいたかし》さんです。藤井《ふじい》さんは、聴導犬普及協会《ちょうどうけんふきゅうきょうかい》の設立《せつりつ》に協力《きょうりょく》しました。

本書《ほんしょ》は、「日本《にほん》の聴導犬《ちょうどうけん》の父《ちち》」と呼《よ》ばれるようになった藤井《ふじい》さんと、苦労《くろう》をともにした人《ひと》と犬《いぬ》たちを描《えが》いた物語《ものがたり》です。

●もくじ

少年《しょうねん》の夢《ゆめ》　6

日本《にほん》に帰国《きこく》　17

訓練所《くんれんじょ》を開業《かいぎょう》　28

訓練士《くんれんし》養成《ようせい》学校《がっこう》　41

訓練《くんれん》の基本《きほん》　48

盲導犬《もうどうけん》の記事《きじ》　57

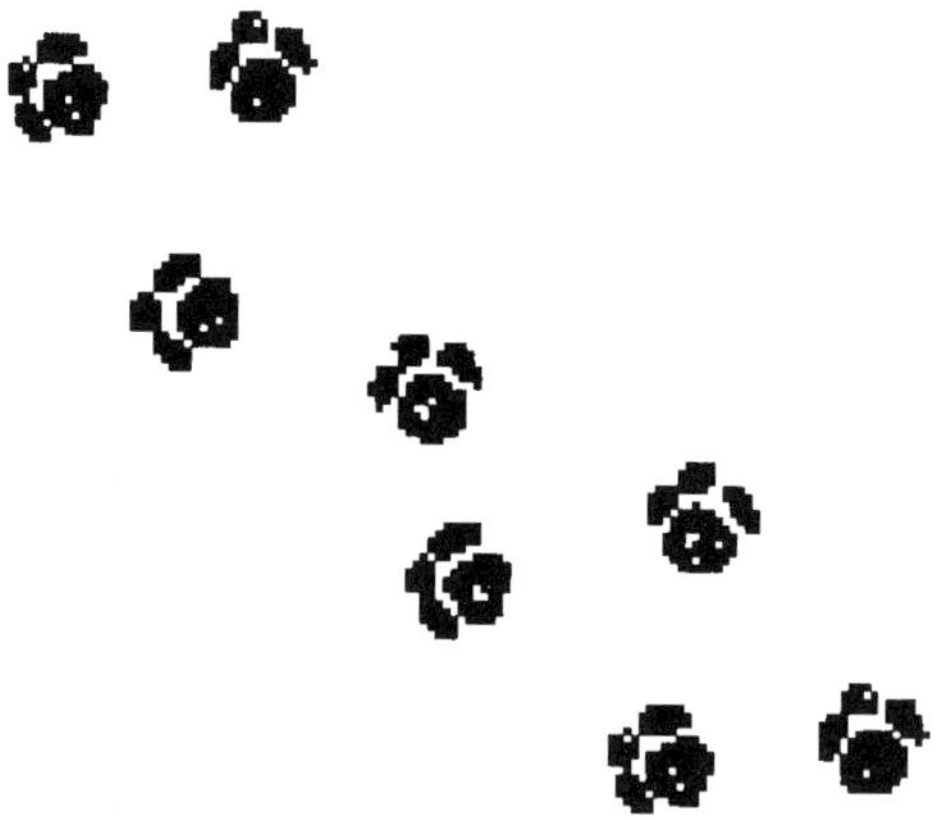

シェルティ犬《けん》ロッキー　67
チャイムの訓練《くんれん》　75
赤《あか》ちゃんは苦手《にがて》？　93
聴導犬《ちょうどうけん》一号《ごう》、二号《ごう》誕生《たんじょう》!!　106
捨《す》て犬《いぬ》から聴導犬《ちょうどうけん》へ　111
終《お》わりのない夢《ゆめ》　128

少年《しょうねん》の夢《ゆめ》

ビュウウ　ゴォオォー

冷《つめ》たくて強《つよ》い風《かぜ》が、まっ白《しろ》く雪《ゆき》がつもった大地《だいち》をふきぬけます。

ここは満州《まんしゅう》にある税関監視犬育成所《ぜいかんかんしけんいくせいじょ》。朝《あさ》の六時半《じはん》、中庭《なかにわ》では、もう何人《なんにん》もの職員《しょくいん》が働《はたら》きはじめています。

満州《まんしゅう》は、日本《にほん》が昭和《しょうわ》七年《ねん》に中国《ちゅうごく》のなかにつくった国《くに》で、昭和《しょうわ》二十年《ねん》に戦争《せんそう》が終《お》わるとともになくなりました。

税関《ぜいかん》とは、密輸品《みつゆひん》や、人間《にんげん》の体《からだ》も心《こころ》もだめにしてしまう悪《わる》い薬《くすり》を取《と》りしまる役所《やくしょ》です。人《ひと》の目《め》だけでは発見《はっけん》できないものは、犬《いぬ》の鼻《はな》をつかって見《み》つけだします。犬《いぬ》がにおいをかぐ能力《のうりょく》は、人間《にんげん》の数千倍《すうせんばい》。箱《はこ》の底《そこ》にかくされた悪《わる》い薬《くすり》のにおいもかぎだして、人間《にんげん》にしらせてくれます。育成所《いくせいじょ》では、監視犬《かんしけん》を訓練《くんれん》し、その子犬《こいぬ》たちを育《そだ》てているのです。

昭和十二年《しょうわねん》（一九三七）、この育成所《いくせいじょ》に、ひとりの少年《しょうねん》が入所《にゅうしょ》しました。まだあどけない顔《かお》をした、藤井多嘉史《ふじいたかし》くん。まだ十四歳《さい》でした。藤井《ふじい》くんはお父《とう》さんの仕事《しごと》の関係《かんけい》で、朝鮮半島《ちょうせんはんとう》で育《そだ》ちました。

ワン　ワン　ワン

ウォッ　ウォン

中庭《なかにわ》のはずれにある犬舎《けんしゃ》から、何十頭《なんじゅっとう》もの犬《いぬ》たちの大《おお》きな鳴《な》き声《ごえ》が聞《き》こえてきます。

「藤井《ふじい》っ！　まだ犬小屋《いぬごや》の掃除《そうじ》やってんのか！　早《はや》く終《お》わらせてエサづくりを手《て》つだえ」

ぶあつい帽子《ぼうし》つきの作業服《さぎょうふく》をきた男《おとこ》の人《ひと》が、どなりました。

「は、はい」

「声《こえ》が小《ちい》さい！　しっかり返事《へんじ》しろ」

「はいっ！」

背筋《せすじ》をのばした藤井《ふじい》くんは、声《こえ》をはりあげました。

犬舎《けんしゃ》のはずれで、大《おお》きな桶《おけ》に何種類《なんしゅるい》かのエサを入《い》れ、大《おお》きなシャモジでまぜている人《ひと》は、ここの責任者《せきにんしゃ》である渡辺《わたなべ》さんです。

「ワン、ツウ、ワン、ツウ」

広《ひろ》い庭《にわ》を柵《さく》でかこった訓練所《くんれんじょ》では、訓練士《くんれんし》が一頭《とう》ずつリードでつないだ犬《いぬ》に、号令《ごうれい》をかけながら走《はし》っています。これは、ウンチやおしっこを早《はや》く出《だ》させるためで、朝《あさ》いちばんにやる仕事《しごと》なのです。作業服《さぎょうふく》から顔《かお》だけ出《だ》したその額《ひたい》には、この寒《さむ》さなのに汗《あせ》がピカピカと光《ひか》っていました。

一頭《とう》が終《お》わるとすぐに部屋《へや》へもどし、つぎの犬《いぬ》を連《つ》れだします。つかれた体《からだ》

日本《にほん》、満州《まんしゅう》、ソビエト(シベリア)の概略図《がいりゃくず》

をちょっと休《やす》めようとすると、汗《あせ》がすぐに氷《こおり》に変《か》わって、まつ毛《げ》が白《しろ》く凍《こお》ってしまいます。ウンチもすぐに凍《こお》ってしまうので、地面《じめん》から取《と》らなくてはなりません。訓練犬《くんれんけん》は、二百頭《ひゃくとう》ちかくもいるから大変《たいへん》です。

「掃除《そうじ》、終《お》わりました」

藤井《ふじい》くんが渡辺《わたなべ》さんのところへやってきて大《おお》きな声《こえ》で報告《ほうこく》しました。

「よーし、エサやりをはじめ！」

ハイと返事《へんじ》をした藤井《ふじい》くんは、両足《りょうあし》をピタッとそろえると、右手《みぎて》を耳《みみ》まであげて敬礼《けいれい》をしました。このころの日本《にほん》は、軍人《ぐんじん》がいちばん偉《えら》い時代《じだい》でした。

渡辺《わたなべ》さんは元軍人《もとぐんじん》だったのです。

「さあ、ジロー、食《た》べろ。サブ、食《た》べろ」

藤井《ふじい》くんは渡辺《わたなべ》さんがエサを入《い》れた食器《しょっき》を、犬舎《けんしゃ》の前《まえ》において、犬《いぬ》の名前《なまえ》を一頭《とう》ずつ呼《よ》びかけてから配《くば》ります。

ワン　ワン　ウォン　ウォン
順番《じゅんばん》を待《ま》っている犬《いぬ》たちがほえます。
犬《いぬ》たちは食器《しょっき》にいっぱいに入《はい》ったエサを、ガツガツとあっというまに食《た》べつくします。それは食《た》べるというよりも、飲《の》みこむといったほうがよいくらい。
そんな犬《いぬ》たちを見《み》る藤井《ふじい》くんの目《め》は、寒《さむ》さのなかでも、あたたかさにあふれていました。

冷《つめ》たい風《かぜ》のふく冬《ふゆ》が終《お》わり、育成所《いくせいじょ》のまわりは緑《みどり》のジュウタンを敷《し》きつめたような春《はる》の草原《そうげん》に変《か》わっていました。
そんなある日《ひ》、昼食《ちゅうしょく》を終《お》えた藤井《ふじい》くんは先輩《せんぱい》の山口《やまぐち》さんと、中庭《なかにわ》の木《き》の根元《ねもと》で休《やす》んでいました。八歳年上《さいとしうえ》の山口《やまぐち》さんは犬《いぬ》の訓練士《くんれんし》で、渡辺《わたなべ》さんから、藤井《ふじい》くんの面倒《めんどう》を見《み》るように頼《たの》まれている人《ひと》です。

「藤井《ふじい》、どうだ、もう仕事《しごと》にはなれたか？」

「いいえ、まだまだです」

「まあ、がんばって続《つづ》けていけば、なれてくるよ」

「先輩《せんぱい》はなぜ、犬《いぬ》の訓練士《くんれんし》になろうと思《おも》ったんですか」

藤井《ふじい》くんがまじめな顔《かお》になって質問《しつもん》しました。

「まあ、犬《いぬ》が好《す》きだったからかな。こういう仕事《しごと》があることは知《し》らなかったけどな」

「ぼくも、小《ちい》さいときから犬《いぬ》が好《す》きで、ほかの子《こ》と遊《あそ》ぶよりは犬《いぬ》といっしょにいたほうが楽《たの》しかったです」

「お前《まえ》を見《み》ていると、そうだったんだろうなって思《おも》うよ。ところで、お前《まえ》の夢《ゆめ》はなんだ」

とつぜん意外《いがい》なことを聞《き》かれて、藤井《ふじい》くんはびくっとしました。

「まだ入《はい》ってきたばかりで、はずかしいんですけど、訓練犬《くんれんけん》の競技会《きょうぎかい》で優勝《ゆうしょう》したいと思《おも》ってるんです。そんな簡単《かんたん》なことではないことは、わかっています。でも、夢《ゆめ》としてぼくは、犬《いぬ》とかかわりのある仕事《しごと》をずっと続《つづ》けていきたいと思《おも》っています」

大《おお》きく開《ひら》いた藤井《ふじい》くんの瞳《ひとみ》がきらっと輝《かがや》きました。

「藤井《ふじい》、その気持《きも》ちを忘《わす》れるなよ。人間《にんげん》、夢《ゆめ》は持《も》たなきゃいけないし、その夢《ゆめ》をかなえる努力《どりょく》をしなきゃならん。その努力《どりょく》のエネルギー源《げん》は、根性《こんじょう》だとオレは思《おも》ってる。その根性《こんじょう》を強《つよ》くするのには、ここは最高《さいこう》の仕事場《しごとば》だ。がんばるんだぞ、精《せい》いっぱい」

山口《やまぐち》さんはニコッと笑《わら》うと、藤井《ふじい》くんの肩《かた》をポンとたたきました。

「はい!」

藤井《ふじい》くんはしっかりした声《こえ》で答《こた》えました。

もくもくと雲《くも》がわきあがる夏《なつ》――、涼《すず》しい風《かぜ》が育成所《いくせいじょ》をふきぬけます。

「マック！　よし、来《こ》い！」

広《ひろ》い訓練場《くんれんじょう》で訓練《くんれん》をしている人《ひと》たちの中《なか》に、藤井《ふじい》くんの大《おお》きな声《こえ》がひびいています。大《おお》きなシェパード犬《けん》に命令《めいれい》する藤井《ふじい》くんの額《ひたい》には、大粒《おおつぶ》の汗《あせ》がながれています。

空《そら》が高《たか》く感《かん》じる秋《あき》――、少《すこ》し冷《つめ》たい風《かぜ》がふきはじめたころ、犬舎《けんしゃ》の前《まえ》で藤井《ふじい》くんは、訓練犬《くんれんけん》の背中《せなか》をブラシで一生《いっしょう》けんめいこすってあげています。

「マック、きょうの訓練《くんれん》は最高《さいこう》によかったぞ。あしたもがんばろうな」

声《こえ》をかけられたマック号《ごう》が、返事《へんじ》のかわりに藤井《ふじい》くんの顔《かお》を見上《みあ》げてしっぽをビュンとふりました。

また冬《ふゆ》がやってきました。地面《じめん》をたたきつけるようにふいてくる冷《つめ》たい風《かぜ》の

藤井《ふじい》さん(19歳頃《さいごろ》)と伝令犬《でんれいけん》

満州国税関《まんしゅうこくぜいかん》監視犬《かんしけん》育成所《いくせいじょ》(現在《げんざい》の瀋陽《しんよう》)昭和《しょうわ》16年頃《ねんごろ》

中《なか》に、だんだんと雪《ゆき》がまじってきました。そしてまもなく育成所《いくせいじょ》は雪《ゆき》で、まっ白《しろ》にうまってしまいました。

こうして二年《ねん》、三年《ねん》、四年《ねん》と月日《つきひ》がすぎました。

「村山《むらやま》、もっと犬《いぬ》を自分《じぶん》の足《あし》に近《ちか》づけさせて歩《ある》かせろ」

とてもあたたかい春《はる》の日《ひ》、訓練場《くんれんじょう》には、若《わか》い人《ひと》を指導《しどう》する、背《せ》も高《たか》くがっしりとした藤井《ふじい》さんの姿《すがた》がありました。

「そうだ、その調子《ちょうし》。いいぞ、いいぞ」

若《わか》い訓練生《くんれんせい》に声《こえ》をかける藤井《ふじい》さんの目《め》は、渡辺《わたなべ》さんと同《おな》じようにきびしい目《め》つきになっていました。

そんな藤井《ふじい》さんたちに、戦争《せんそう》の影《かげ》がしのびよってきていました。

日本《にほん》に帰国《きこく》

昭和《しょうわ》十八年《ねん》（一九四三）――、二十歳《さい》の藤井《ふじい》さんは、日本《にほん》の軍隊《ぐんたい》の飛行兵《ひこうへい》として、戦争《せんそう》に加《くわ》わっていました。日本《にほん》はアメリカやイギリス、フランスなどの連合国《れんごうこく》を相手《あいて》に、戦争《せんそう》をはじめたのです。そして、たくさんの兵隊《へいたい》が死《し》にました。

第二次世界大戦《だいにじせかいたいせん》とよばれるこの戦《たたか》いは、長崎県《ながさきけん》と広島県《ひろしまけん》に原子爆弾《げんしばくだん》を落《お》とされた日本《にほん》が敗《やぶ》れました。

昭和《しょうわ》二十年《ねん》（一九四五）八月《がつ》十五日《にち》、戦争《せんそう》は終《お》わりました。しかし、満州《まんしゅう》で暮《く》らしていた人《ひと》たちの〝闘《たたか》い〟は、終《お》わることはありませんでした。

藤井《ふじい》さんは負《ま》けた国《くに》の兵士《へいし》として捕《つか》まり、たくさんの日本兵《にほんへい》とともソビエト

（いまのロシア）の収容所《しゅうようじょ》に入《い》れられました。ソビエトという国《くに》は、中国《ちゅうごく》よりもっと北《きた》にある国《くに》で、冬《ふゆ》はものすごく寒《さむ》いところです。与《あた》えられる食事《しょくじ》は、ふかしたジャガイモと、しょっぱいスープでした。そして、雪《ゆき》にうずもれながら森《もり》の中《なか》で大木《たいぼく》を切《き》ったり、運《はこ》んだりするつらい仕事《しごと》を一日中《いちにちじゅう》させられました。

「きょうからは、壁《かべ》ぬりだ」

ソビエト兵《へい》の命令《めいれい》で、大《おお》きな建築現場《けんちくげんば》へ、何十人《なんじゅうにん》もの仲間《なかま》と連《つ》れていかれ、壁《かべ》ぬりをさせられたこともありました。朝《あさ》から太陽《たいよう》のしずむ夕方《ゆうがた》まで、仕事《しごと》を休《やす》むことはゆるされませんでした。

このように、戦争《せんそう》で負《ま》けた国《くに》の兵隊《へいたい》たちは、奴隷《どれい》のように働《はたら》かされたのです。こわれた建物《たてもの》の修理《しゅうり》や鉄道《てつどう》のレールを敷《し》く作業《さぎょう》が、何百日《なんびゃくにち》も続《つづ》きました。

（死《し》んだら終《お》わりだ。いつかは日本《にほん》へ帰《かえ》れるんだ）

藤井《ふじい》さんはきつい作業《さぎょう》を終《お》えて眠《ねむ》りにつくとき、かならず天井《てんじょう》をながめながら自分《じぶん》にいい聞《き》かせました。目《め》を閉《と》じると決《き》まってお父《とう》さんとお母《かあ》さん、弟《おとうと》の邦蔵《くにぞう》さん、妹《いもうと》の昭子《あきこ》さん、久子《ひさこ》さんの顔《かお》が浮《う》かびました。

（会《あ》いたい……。みんな生《い》きていてほしい。日本《にほん》に帰《かえ》りたい……）

藤井《ふじい》さんは、数《かぞ》えきれないほどの涙《なみだ》を流《なが》しながら二年《ねん》、三年《ねん》と、収容所《しゅうようじょ》での暮《く》らしにたえました。

「いっしょに日本《にほん》に帰《かえ》るまで、がんばろう。かならず生《い》きのびるんだ」

そういって、はげまし合《あ》っていた友《とも》だちが、朝目《あさめ》を覚《さ》ますと藤井《ふじい》さんの横《よこ》で冷《つめ》たくなって死《し》んでいたことが何回《なんかい》もありました。

そして地獄《じごく》のような生活《せいかつ》が四年《ねん》すぎたとき、藤井《ふじい》さんはようやく日本《にほん》へ帰《かえ》ってくることができました。大《おお》きな船《ふね》にギュウギュウづめにされて、京都《きょうと》の舞鶴《まいづる》という港《みなと》にもどってきました。

さいわいにも、藤井《ふじい》さんの両親《りょうしん》たちも、みんなぶじで、藤井《ふじい》さんより二年《ねん》ほど早《はや》く日本《にほん》へ帰《かえ》ってきていました。

藤井《ふじい》さん一家《いっか》は、お母《かあ》さんが生《う》まれた岡山県《おかやまけん》の家《いえ》で暮《く》らしていました。

戦争《せんそう》に負《ま》けた日本《にほん》はまだまだ国中《くにじゅう》が貧《まず》しくて、食《た》べものも不足《ふそく》し、働《はたら》いてお金《かね》をもらえるための仕事《しごと》も満足《まんぞく》にありませんでした。

人間《にんげん》は食《た》べものがなければ生《い》きていけません。日本《にほん》へ帰《かえ》ってこられはしたものの、待《ま》っていたのは、つらく悲《かな》しい毎日《まいにち》でした。生《い》きる希望《きぼう》をうしなった人《ひと》たちの中《なか》には、自分《じぶん》から命《いのち》を断《た》ってしまう人《ひと》もたくさんいました。

そんな苦《くる》しい暮《く》らしの中《なか》から、日本《にほん》の国《くに》は確実《かくじつ》に立《た》ち直《なお》りはじめていました。

畑《はたけ》を耕《たがや》しはじめる人《ひと》、こわれた船《ふね》を直《なお》して魚《さかな》をとりに海《うみ》へ出《で》る人《ひと》、こわれた建物《たてもの》を直《なお》して商売《しょうばい》をはじめる人《ひと》、どの町《まち》にもどの村《むら》にも明《あか》るい顔《かお》をした人《ひと》たちが元気《げんき》に働《はたら》きはじめたのです。

こうして日本《にほん》は、朝日《あさひ》が少《すこ》しずつ山《やま》の頂上《ちょうじょう》から昇《のぼ》ってくるように明《あか》るくなってきていました。

そんなある日《ひ》、弟《おとうと》の邦蔵《くにぞう》さんが、新聞《しんぶん》にはさまれた一枚《まい》のチラシに目《め》をとめました。

「兄《にい》さん、これ見《み》て」

チラシを見《み》せられた藤井《ふじい》さんの目《め》が、クギ付《づ》けになりました。

『犬《いぬ》の専門訓練士養成学校《せんもんくんれんしようせいがっこう》　生徒募集《せいとぼしゅう》』

じつは藤井《ふじい》さんは、どんな仕事《しごと》でもいいから働《はたら》こうと思《おも》い、あちこちさがしていたのですが、なかなか見《み》つからないでいたのです。

「犬《いぬ》の訓練士《くんれんし》かぁ」

四年《ねん》もの苦《くる》しいシベリア生活《せいかつ》で、すっかり忘《わす》れていた「夢《ゆめ》」がよみがえってきました。

（よし、ここでもういちど訓練《くんれん》を受《う》け直《なお》して、訓練士《くんれんし》の道《みち》を進《すす》もう）

さっそく藤井《ふじい》さんは、その学校《がっこう》を訪《たず》ねました。

警察犬《けいさつけん》の訓練《くんれん》や指導員《しどういん》の経験《けいけん》もあることを話《はな》すと、学校《がっこう》の代表者《だいひょうしゃ》はいいました。

「どうでしょう、訓練生《くんれんせい》ではなく、指導員《しどういん》として働《はたら》いてくれませんか」

「えっ、ほんとうですか？」

藤井《ふじい》さんはおどろきながらも、すぐに働《はたら》くことにしました。

ところがまもなく、訓練士《くんれんし》を育《そだ》てるはずの学校《がっこう》なのに、〝犬捕《いぬと》り〟とか〝犬《いぬ》殺《ごろ》し〟とよばれている、のら犬《いぬ》を捕《つか》まえているところだと知《し》りました。

街《まち》では、ドロボウに入《はい》られないために、番犬《ばんけん》として犬《いぬ》を飼《か》う家《いえ》も増《ふ》えてきていました。でも、飼《か》い主《ぬし》の中《なか》には犬《いぬ》にくさりもつけずに、放《はな》し飼《が》いにする人《ひと》も多《おお》くいたのです。

自由《じゆう》になった犬《いぬ》は、飼《か》い主《ぬし》の家《いえ》にもどらずにそのまま街《まち》をうろついたり、人《ひと》にかみついたり、仲間《なかま》たちと群《む》れをつくって暮《く》らす、のら犬《いぬ》になりました。

保健所《ほけんじょ》では、病気《びょうき》をもっているかもしれないのら犬《いぬ》から、人々《ひとびと》を守《まも》るという名目《めいもく》で、犬《いぬ》を捕《つか》まえていましたが、保健所《ほけんじょ》の代《か》わりに犬捕《いぬと》りを行《おこ》なうのが、藤《ふじ》井《い》さんの仕事《しごと》だったのです。

藤井《ふじい》さんは、せっかく働《はたら》けるところが見《み》つかったのですが、

(自分《じぶん》にはこの仕事《しごと》はむかない。やめよう)

と決《き》めました。

捕《つか》まった犬《いぬ》は、ほんとうの飼《か》い主《ぬし》が現《あらわ》れないかぎりは殺《ころ》されてしまいます。

藤井《ふじい》さんは、子犬《こいぬ》のコロコロとした体《からだ》をだいたときの、プンとしたにおいが大好《だいす》きでした。犬《いぬ》といっしょに散歩《さんぽ》したり走《はし》ったり、草《くさ》むらでじゃれ合《あ》ったり

するのが大好《だいす》きでした。

また、どんな犬《いぬ》でもちゃんと訓練《くんれん》すれば、利口《りこう》な犬《いぬ》になることも知《し》っていました。だから、犬《いぬ》を捕《つか》まえていのちをうばったりすることはできないのです。

学校《がっこう》をやめた藤井《ふじい》さんは、東京《とうきょう》へ行《い》くことに決《き》めました。

藤井《ふじい》さんが満州《まんしゅう》の育成所《いくせいじょ》で訓練生《くんれんせい》をしていたころ、一瀬《いちのせ》さんという先輩《せんぱい》がいました。その一瀬《いちのせ》さんと連絡《れんらく》がとれたので、犬《いぬ》に関係《かんけい》する仕事《しごと》をさがしていることを相談《そうだん》すると、

「東京《とうきょう》へ来《き》なさい、なんとかさがしてあげるから」

といわれていたからです。

でも、東京《とうきょう》へ行《い》ってひとりで生活《せいかつ》するには、お金《かね》がたくさんかかります。藤井《ふじい》さんはまず、近所《きんじょ》で犬《いぬ》を飼《か》っている家《いえ》に行《い》って〝しつけ訓練《くんれん》〟をしてお金《かね》をもらおうと考《かんが》え、ＰＲ《ピーアール》をして歩《ある》きました。

何カ月《なんげつ》かすると一軒《けん》、三軒《けん》、五軒《けん》と、しつけを頼《たの》む家《いえ》が増《ふ》えてきました。藤井《ふじい》さんは、「うちの犬《いぬ》はバカ犬《いぬ》で」とか「この犬《いぬ》はだれのいうことも聞《き》かない」という家《いえ》へ通《かよ》い、訓練《くんれん》をしました。

三カ月《げつ》、六カ月《げつ》と続《つづ》けると、どの犬《いぬ》も飼《か》い主《ぬし》のいうことをよく聞《き》く利口《りこう》な犬《いぬ》になりました。よろこんだ飼《か》い主《ぬし》は、犬《いぬ》の友《とも》だちに藤井《ふじい》さんを紹介《しょうかい》してくれるようにもなりました。

こうしてお金《かね》をためることができた藤井《ふじい》さんは、やっと東京《とうきょう》へ行《い》き、一瀬《いちのせ》さんと会《あ》うことができました。そして、東京《とうきょう》でもこのような犬《いぬ》の出張訓練《しゅっちょうくんれん》をはじめました。

それからほどなくして、犬の訓練士《くんれんし》の試験《しけん》にも合格《ごうかく》しました。

藤井《ふじい》さんは岡山《おかやま》の両親《りょうしん》に、手紙《てがみ》をだしました。

『東京《とうきょう》で訓練士《くんれんし》として生活《せいかつ》ができるようになったので、安心《あんしん》してください』

感謝《かんしゃ》の気持《きも》ちをこめて、東京名物《とうきょうめいぶつ》の食《た》べものも送《おく》りました。

『がんばりなさい。自分《じぶん》がいちばん好《す》きなことを仕事《しごと》にできることは、人間《にんげん》として幸《しあわ》せなことですよ』

両親《りょうしん》からのお礼《れい》の手紙《てがみ》を読《よ》んだ藤井《ふじい》さんは、

（どんなことがあっても、訓練士《くんれんし》をやめないぞ）

と心《こころ》にちかい、そっと涙《なみだ》をぬぐいました。

それから三年《ねん》がたち、藤井《ふじい》さんは三十歳《さい》になったとき、結婚《けっこん》しました。

お相手《あいて》はまだ二十歳《さい》になったばかりの山田玲子《やまだれいこ》さん。玲子《れいこ》さんは学校《がっこう》を卒業《そつぎょう》して、日本警察犬協会《にほんけいさつけんきょうかい》というところで、英語《えいご》のタイピストをして働《はたら》いていました。タイピストとは、手書《てが》きの文章《ぶんしょう》を機械《きかい》で打《う》って文書《ぶんしょ》にする人《ひと》です。

じつは、玲子《れいこ》さんのお父《とう》さんもベテランの犬《いぬ》の訓練士《くんれんし》でした。「軍用犬《ぐんようけん》」を訓練《くんれん》したこともあります。

お父《とう》さんの耳《みみ》には、藤井《ふじい》という訓練士《くんれんし》はとてもまじめでよい男《おとこ》だと伝《つた》わっていたので、迷《まよ》うことなく、娘《むすめ》の結婚《けっこん》に賛成《さんせい》しました。

「おれ、いっぱい働《はたら》いて、玲子《れいこ》を幸《しあわ》せにするから」

「ありがとう。わたしも精《せい》いっぱい協力《きょうりょく》します」

昭和《しょうわ》二十七年《ねん》（一九五二）九月一日《がつついたち》、藤井《ふじい》さんと玲子《れいこ》さんはこう誓《ちか》い合《あ》って夫婦《ふうふ》になりました。

訓練所《くんれんじょ》を開業《かいぎょう》

藤井《ふじい》さんは、自分《じぶん》の訓練所《くんれんじょ》をつくることが夢《ゆめ》のひとつでした。もちろん玲子《れいこ》さんも賛成《さんせい》しました。

犬《いぬ》の出張《しゅっちょう》訓練《くんれん》でためたお金《かね》もあったので、結婚《けっこん》してすぐに、東京《とうきょう》の北区《きたく》・

赤羽《あかばね》というところに訓練所《くんれんじょ》をつくりました。

赤羽《あかばね》の地《ち》を選《えら》んだわけは、家《いえ》のそばを荒川《あらかわ》という大《おお》きな川《かわ》が流《なが》れていて、その河川敷《かせんじき》では毎年《まいとし》、警察犬《けいさつけん》の日本一《にっぽんいち》をきめる競技会《きょうぎかい》が行《おこ》なわれていたので、なにかと便利《べんり》だろうと考《かんが》えたからです。

訓練所《くんれんじょ》といっても、狭《せま》い土地《とち》に事務所《じむしょ》をかねた家《いえ》と、その横《よこ》に犬《いぬ》を入《い》れておく犬舎《けんしゃ》があるだけです。古《ふる》い木材《もくざい》を寄《よ》せ集《あつ》めて建《た》てたので、さすがにりっぱとはいきません。

「オンボロだけど、おれたちの訓練所《くんれんじょ》だ」

「そうね、これからがんばっていくんですから」

ふたりは、大《おお》きな板《いた》に『藤井訓練所《ふじいくんれんじょ》』と、黒《くろ》のペンキで書《か》き上《あ》げ、門《もん》の柱《はしら》にかけながら、ほほ笑《え》み合《あ》いました。

訓練所《くんれんじょ》をやっていくことについては、訓練士《くんれんし》の先輩《せんぱい》でもあり、東京《とうきょう》へ来《き》てからもとてもお世話《せわ》になった一瀬《いちのせ》さんや、玲子《れいこ》さんのお父《とう》さんからいろいろ教《おし》えてもらいました。

ほどなくして、藤井訓練所《ふじいくんれんじょ》には、犬好《いぬず》きのお客《きゃく》さんが次々《つぎつぎ》とやってくるようになりました。

「玲子《れいこ》、じゃあ、あとの犬《いぬ》の世話《せわ》、頼《たの》むな」

「はい、行《い》ってらっしゃい、気《き》をつけて」

きょうも藤井《ふじい》さんは、朝早《あさはや》くに家《いえ》を出《で》て、犬《いぬ》をむかえにお客《きゃく》さんの家《いえ》へクルマを走《はし》らせます。

玲子《れいこ》さんは大《おお》きなバケツに犬《いぬ》のエサを入《い》れ、犬舎《けんしゃ》で待《ま》っている訓練犬《くんれんけん》へ運《はこ》びます。このころの犬《いぬ》のごはんは、麦《むぎ》をやわらかく煮《に》てやり、その中《なか》にお豆腐屋《とうふや》さんから分《わ》けてもらってきた、豆腐《とうふ》を作《つく》った残《のこ》りカスのオカラや、八百屋《やおや》さんから売《う》れ残《のこ》った野菜《やさい》とか、魚屋《さかなや》さんからアラとよばれる魚《さかな》の頭《あたま》や骨《ほね》、内臓《ないぞう》など

藤井訓練所

を分《わ》けてもらい、おかずとして入《い》れていました。

お昼《ひる》すぎ、藤井《ふじい》さんがお客《きゃく》さんからあずかってきた犬《いぬ》を連《つ》れて帰《かえ》ってきました。

「玲子《れいこ》、新入《しんい》りだよ。ゲンタっていう名前《なまえ》だ」

「まあ、りっぱな秋田犬《あきたいぬ》ですね。きょうからわたしがママよ。がんばろうね、ゲンタ」

クルマから降《お》ろされて、心《こころ》ぼそそうな顔《かお》をしているゲンタに、玲子《れいこ》さんがやさしく声《こえ》をかけて、ほおをなでました。

「ゲンタで、もう四十三頭目《とうめ》。ふぅー、わたしもがんばんなきゃ」

玲子《れいこ》さんは犬舎《けんしゃ》にゲンタを連《つ》れて行《い》きながら大《おお》きな息《いき》をはきました。でも、顔《かお》にはしぜんと笑《え》みがこぼれていました。

こうして五年《ねん》、十年《ねん》が過《す》ぎていきました。

藤井訓練所《ふじいくんれんじょ》では、弟《おとうと》の邦蔵《くにぞう》さんのほかに若《わか》い訓練士《くんれんし》も働《はたら》くようになっていました。

昭和三十九年《しょうわねん》(一九六四)、藤井訓練所《ふじいくんれんじょ》は、東京《とうきょう》のとなりの埼玉県《さいたまけん》の入間郡《いるまぐん》大井村《おおいむら》(現《げん》・ふじみ野市《のし》)というところに移《うつ》っていきました。訓練所《くんれんじょ》を作《つく》って十二年後《ねんご》のことです。こんどの訓練所《くんれんじょ》は千坪《せんつぼ》もあり、サッカーの試合《しあい》ができるほどの広《ひろ》さです。

日本《にほん》は、高度成長期《こうどせいちょうき》のまっただ中《なか》で、とても生活《せいかつ》が豊《ゆた》かになっていました。古《ふる》い家《いえ》を新《あたら》しく建《た》て直《なお》したり、クルマを買《か》ったりする人《ひと》が多《おお》くなりました。男《おとこ》の人《ひと》も女《おんな》の人《ひと》も、おしゃれな服《ふく》をきて映画《えいが》を見《み》に行《い》ったり、レストランで家族《かぞく》みんなで食事《しょくじ》を楽《たの》しんだりするようになりました。

そして、犬《いぬ》を飼《か》う人《ひと》もとても多《おお》くなりました。古《ふる》くから日本《にほん》の犬《いぬ》として知《し》られている秋田犬《あきたいぬ》や、猟犬《りょうけん》で有名《ゆうめい》な紀州犬《きしゅうけん》、体《からだ》は小《ちい》さいけれどキリッとした顔立《かおだ》ちをした柴犬《しばいぬ》、そのほかに、外国《がいこく》から見《み》たことも聞《き》いたこともない種類《しゅるい》の犬《いぬ》たちが、日本《にほん》に入《はい》ってくるようになりました。

七十キロにもなるスイスのセントバーナード犬《けん》や、子《こ》どもの背《せ》たけほどの長《なが》い手足《てあし》をもった大《おお》きなグレートデン犬《けん》、金色《きんいろ》のフサフサした長《なが》い毛《け》のゴールデンレトリーバー犬《けん》がいます。真《ま》っ黒《くろ》や黄色《きいろ》の毛《け》をした三十キロにもなるラブラドール犬《けん》がいるかと思《おも》うと、まるでぬいぐるみが動《うご》いているようなプードル犬《けん》やシーズー犬《けん》、マルチーズ犬《けん》もいます。体重《たいじゅう》わずか二、三キロという超小型《ちょうこがた》のチワワ犬《けん》までさまざまです。

街《まち》のあちこちに出《で》はじめたペットショップのウィンドウでは、こういう犬《いぬ》たちのかわいい顔《かお》が、道《みち》ゆく人《ひと》たちの足《あし》をとめました。

豊《ゆた》かな日本《にほん》になっても、ドロボウや強盗《ごうとう》などをする人《ひと》は、けっしてなくなりません。自分《じぶん》の家《いえ》を守《まも》る、家族《かぞく》のいのちを守《まも》る、そのためには犬《いぬ》がいちばんと昔《むかし》から多《おお》くの人《ひと》は考《かんが》えてきました。

『日本《にほん》に犬《いぬ》ブーム来《きた》る！』

テレビや新聞《しんぶん》がおもしろおかしく、いろいろなペットの番組《ばんぐみ》や特集記事《とくしゅうきじ》をつくりました。

「おとなりでテリア犬《けん》を飼《か》ったからウチも飼《か》いましょう」

「お利口《りこう》なコリー犬《けん》の映画《えいが》を見《み》たから、ほしくなっちゃった」

「ラブラドールは盲導犬《もうどうけん》になる、かしこい犬《いぬ》だっていうからな」

犬《いぬ》ブームの風《かぜ》にのって、いろんな犬《いぬ》が飼《か》われるようになっていたのです。

「所長《しょちょう》、もう犬舎《けんしゃ》はいっぱいです」

「うーん。でも、きょうも二頭《とう》、どうしても訓練《くんれん》してほしいってお客《きゃく》さんが電《でん》話《わ》してきてるんだ」

訓練犬《くんれんけん》の責任者《せきにんしゃ》の邦蔵《くにぞう》さんから、犬舎《けんしゃ》の空《あ》きがないことを聞《き》かされた藤井《ふじい》さんは、こまった顔《かお》になりました。

「わたしのほかには、山本《やまもと》くんと島田《しまだ》くんしか、訓練《くんれん》を教《おし》えられないですから……」

邦蔵《くにぞう》さんが藤井《ふじい》さんにうったえるようにいいました。

「そうだなぁ、四人《にん》の訓練士《くんれんし》じゃ、これ以上《いじょう》の犬《いぬ》はむりだな」

そう答《こた》えながら藤井《ふじい》さんは、うで組《ぐ》みをして、大《おお》きなため息《いき》をつきました。

また、ちょうどこのころに、東京《とうきょう》や埼玉《さいたま》などで、訓練士《くんれんし》でもない人《ひと》が高《たか》いお金《かね》をとって愛犬家《あいけんか》をだましたり、訓練士《くんれんし》の中《なか》にも悪《わる》い人《ひと》がいて、警察《けいさつ》に捕《つか》まる事件《じけん》が起《お》こっていたこともあり、評判《ひょうばん》の高《たか》かった訓練所《くんれんじょ》は、どこも犬《いぬ》でいっぱいになっていたのです。

藤井《ふじい》さんは若《わか》い訓練士《くんれんし》たちに、社会人《しゃかいじん》としての常識《じょうしき》を身《み》につけさせるとともに、正《ただ》しい訓練士《くんれんし》になる三つの心《こころ》がまえを教《おし》えました。

一つ、愛犬家《あいけんか》の気持《きも》ちがわかる訓練士《くんれんし》になること。

一つ、愛犬家《あいけんか》の先生《せんせい》になれる訓練士《くんれんし》になること。

一つ、この仕事《しごと》に誇《ほこ》りが持《も》てる訓練士《くんれんし》になること。

藤井《ふじい》さんの訓練所《くんれんじょ》は、ますます有名《ゆうめい》になっていきました。警視庁《けいしちょう》という東京《とうきょう》都《と》の警察《けいさつ》や地元《じもと》の埼玉県警《さいたまけんけい》から、警察犬《けいさつけん》の訓練《くんれん》も頼《たの》まれるようになっていました。

翌年《よくねん》、藤井《ふじい》さんはいろいろなことを考《かんが》えて、訓練所《くんれんじょ》を会社組織《かいしゃそしき》にすることにしました。株式会社《かぶしきがいしゃ》オールドッグセンターという名前《なまえ》にして、いままでの所長《しょちょう》から、会社《かいしゃ》を代表《だいひょう》する社長《しゃちょう》になり、玲子《れいこ》さんは専務《せんむ》として事務長《じむちょう》という役員《やくいん》になりました。

会社《かいしゃ》は年《とし》を追《お》うごとにいそがしくなるばかりです。

警察犬《けいさつけん》の訓練法《くんれんほう》もどんどん新《あたら》しい技術《ぎじゅつ》を加《くわ》えなければなりません。悪《わる》いことをする人《ひと》たちが、これでもかこれでもかと悪知恵《わるぢえ》で犯罪《はんざい》をおかしたり、クルマで逃《に》げたりして、なかなか捕《つか》まえにくくなってきたからです。ですから警察犬《けいさつけん》も、レベルの高《たか》い訓練《くんれん》を次《つぎ》から次《つぎ》へと覚《おぼ》えなければならなくなりました。

また、大型犬《おおがたけん》のすばらしさを知《し》った飼《か》い主《ぬし》も増《ふ》え、

「競技会《きょうぎかい》に出場《しゅつじょう》できる犬《いぬ》にしてほしい」

と、愛犬《あいけん》の訓練《くんれん》を頼《たの》みにくるお客《きゃく》さんもとても多《おお》くなってきたのです。

また、訓練士《くんれんし》の仕事《しごと》をしたいと、日本中《にほんじゅう》から若《わか》い人《ひと》たちも藤井《ふじい》さんのもとへやってきました。男《おとこ》の人《ひと》も女《おんな》の人《ひと》も、職業《しょくぎょう》としての訓練士《くんれんし》をめざすのですが、中《なか》には朝早《あさはや》くから夜《よる》おそくまでつづく犬《いぬ》の世話《せわ》や訓練《くんれん》の毎日《まいにち》に、あきらめようとする人《ひと》もでてきます。

「せっかくこの道《みち》を選《えら》んだのだから、がんばりなさい」

藤井《ふじい》さんがはげまします。

「どんな仕事《しごと》だってつらさは同《おな》じだよ。夢《ゆめ》を簡単《かんたん》にあきらめていいのかい」

やめようと思《おも》った人《ひと》は、藤井《ふじい》さんのこの言葉《ことば》で、またがんばり続《つづ》けました。

さらに三年《ねん》、五年《ねん》とたち、会社《かいしゃ》はますます有名《ゆうめい》になり、競技会《きょうぎかい》でもトップクラスの成績《せいせき》をあげる警察犬《けいさつけん》を送《おく》り出《だ》すようになりました。


国《くに》の厚生省《こうせいしょう》が一年《ねん》に一度《ど》、日本中《にほんじゅう》で飼《か》われている犬《いぬ》の数《かず》を発表《はっぴょう》しています。

「うーん、とうとう三百万頭《さんびゃくまんとう》をこえたのか」

藤井《ふじい》さんは新聞《しんぶん》の記事《きじ》を見《み》て考《かんが》えました。

(これからはきっと、もっと訓練士《くんれんし》が必要《ひつよう》な時代《じだい》になるな)

テレビでは、訓練士《くんれんし》でもない人《ひと》が愛犬家《あいけんか》をだましてお金《かね》を取《と》って逃《に》げるという事件《じけん》を報《ほう》じていました。

邦蔵《くにぞう》さんとテレビを見《み》ていた藤井《ふじい》さんは、おこったようにいいました。

「こういう事件《じけん》はこまったことだ。ほんとうの訓練士《くんれんし》には迷惑《めいわく》な話《はなし》だし、こんなことを平気《へいき》でやることは絶対《ぜったい》に許《ゆる》せない！」

「うん、まったくだ」

「邦蔵《くにぞう》、オレたちでやろう！」

「なにを？」

「ちゃんとした訓練士《くんれんし》を育《そだ》てる学校《がっこう》をつくろうじゃないか」

「学校《がっこう》か」

「犬《いぬ》を飼《か》う人《ひと》はどんどん増《ふ》えていく一方《いっぽう》だし、犯罪《はんざい》も増《ふ》えてるから、警察犬《けいさつけん》ももっと必要《ひつよう》になる」

「しつけをちゃんとしてないと、飼《か》い犬《いぬ》でも事故《じこ》をおこしかねないから、犬《いぬ》を正《ただ》しくしつける訓練士《くんれんし》をもっと育《そだ》てなければいけないってことか」

「そのとおり！」
藤井《ふじい》さんのキッとした目《め》と邦蔵《くにぞう》さんの目《め》が合《あ》いました。

訓練士《くんれんし》養成《ようせい》学校《がっこう》

昭和《しょうわ》五十年《ねん》（一九七五）、藤井《ふじい》さんたちは、「日本訓練士養成学校《にほんくんれんしようせいがっこう》」を、オールドッグセンターの中《なか》につくりました。養成《ようせい》というのは育《そだ》てるという意味《いみ》です。

訓練士《くんれんし》になりたいと願《ねが》う人《ひと》たちが、全国各地《ぜんこくかくち》からたくさん入学《にゅうがく》してきました。高校《こうこう》を出《で》たばかりの人《ひと》、大学《だいがく》をとちゅうでやめた人《ひと》、四十歳《さい》をすぎたお母《かあ》さんまでさまざまです。みんな、訓練士《くんれんし》の資格《しかく》をとるためにやってきたのです。そのためには、二年間《ねんかん》で五頭《とう》の犬《いぬ》を訓練《くんれん》させながら、むずかしいペーパーテストや実技《じつぎ》の試験《しけん》に合格《ごうかく》しなければなりません。

入学《にゅうがく》してきた人《ひと》たちの顔《かお》は、夢《ゆめ》をかなえようという張《は》りきった気持《きも》ちで輝《かがや》いています。この年《とし》は十人《にん》が入学《にゅうがく》し、次《つぎ》の年《とし》には三十人《にん》も入学《にゅうがく》してきました。

入学式《にゅうがくしき》の日《ひ》、校長先生《こうちょうせんせい》として藤井《ふじい》さんは生徒《せいと》たちにいいました。

「みなさんが二年後《ねんご》に訓練士《くんれんし》として合格《ごうかく》し、晴《は》れて職業《しょくぎょう》として犬《いぬ》の世界《せかい》で働《はたら》けたとしても、世《よ》の中《なか》のことを知《し》らない、犬《いぬ》のことしかわからん人間《にんげん》だといわれないように、社会人《しゃかいじん》として生《い》きていくための大切《たいせつ》なルール、マナーも正《ただ》しく身《み》につけてほしいと願《ねが》います」

藤井《ふじい》さんの言葉《ことば》を、生徒全員《せいとぜんいん》が目《め》をきりっと見開《みひら》いて聞《き》いています。

「毎日《まいにち》の生活《せいかつ》を送《おく》るうえで、五つの約束《やくそく》があります。一つ——ハイ、という素《す》直《なお》な心《こころ》。二つ——すみません、という反省《はんせい》の心《こころ》。三つ——わたしがします、という人《ひと》のためにも働《はたら》く心《こころ》。四つ——おかげさまで、といういばらない心《こころ》。五つ——ありがとう、という感謝《かんしゃ》の心《こころ》。この五つを忘《わす》れずに、りっぱな訓練士《くんれんし》、はずかしくない人間《にんげん》になる努力《どりょく》をして、がんばってください」

訓練士《くんれんし》をめざす生徒《せいと》の毎日《まいにち》はたいへんです。朝《あさ》は六時《じ》に起《お》きて、訓練犬《くんれんけん》のエサづくりをします。七人《にん》の生徒《せいと》で一斑《いっぱん》ずつに班《はん》をつくった当番制《とうばんせい》なのですが、訓練犬《くんれんけん》が一三〇頭《とう》もいるうえ、子犬《こいぬ》や病気《びょうき》の犬《いぬ》、老犬《ろうけん》、しつけ訓練《くんれん》をお客《きゃく》さんから頼《たの》まれた犬《いぬ》もいます。エサも何種類《なんしゅるい》も作《つく》らなければなりませんし、食《た》べる量《りょう》もそれぞれ違《ちが》うので、一頭《とう》ずつハカリで計《はか》ってやります。

食器《しょっき》をならべる人《ひと》、メモ用紙《ようし》に犬《いぬ》の名前《なまえ》を書《か》いてその中《なか》に入《い》れる人《ひと》、そこへその犬《いぬ》に合《あ》ったエサを計《はか》りながら入《い》れる人《ひと》、何種類《なんしゅるい》ものドッグフードを大《おお》きなポリバケツでまぜる人《ひと》、肉類《にくるい》の缶《かん》づめをたくさん開《あ》けて大《おお》きな鍋《なべ》でグツグツ煮《に》る人《ひと》など、エサ場《ば》は目《め》のまわるようないそがしさです。

また、狭《せま》い通路《つうろ》を手押《てお》し車《ぐるま》に、古新聞《ふるしんぶん》を山《やま》のように積《つ》んで運《はこ》ぶ人《ひと》がいます。

一頭《とう》一頭《とう》の犬舎《けんしゃ》をきれいに掃除《そうじ》を終《お》えた人《ひと》の後《あと》から、古新聞《ふるしんぶん》を細《こま》かく切《き》って犬《いぬ》の寝床《ねどこ》を作《つく》っていくのです。

犬舎《けんしゃ》を掃除《そうじ》するあいだに、犬《いぬ》を訓練場《くんれんじょう》の広場《ひろば》へ連《つ》れだしてオシッコやウンチをさせる係《かかり》の人《ひと》もいます。母犬《ははいぬ》と子犬《こいぬ》が入《はい》っている犬舎《けんしゃ》では、子犬《こいぬ》に離乳食《りにゅうしょく》をあげたり、水《みず》をとりかえたりしている人《ひと》もいます。

どの生徒《せいと》の額《ひたい》にも玉《たま》の汗《あせ》が光《ひか》って、流《なが》れ落《お》ちています。

生徒《せいと》たちが教室《きょうしつ》でする勉強《べんきょう》は、犬《いぬ》についての知識《ちしき》を、藤井《ふじい》さんやほかの訓練《くんれん》士《し》の先生《せんせい》、ときには獣医《じゅうい》さんなどから学《まな》びます。

訓練犬《くんれんけん》はすべて大《おお》きなシェパード犬《けん》です。技術《ぎじゅつ》の勉強《べんきょう》は、訓練場《くんれんじょう》で訓練犬《くんれんけん》を使《つか》って学《まな》びますが、とても体《からだ》がつかれます。生徒《せいと》の中《なか》には犬《いぬ》より小《ちい》さく見《み》える女《おんな》の人《ひと》もいました。生徒《せいと》と犬《いぬ》は一対《たい》一に組《く》んで、いろいろな訓練技術《くんれんぎじゅつ》を、二年間《ねんかん》で覚《おぼ》えていかなくてはなりません。

犬《いぬ》ごとにエサを変《か》える訓練生《くんれいせい》たち。訓練犬《くんれんけん》はシェパードが多《おお》い

入学《にゅうがく》して二カ月《げつ》、三カ月《げつ》、半年《はんとし》とすぎると、がんばって続《つづ》けていこうとしても、体《からだ》を悪《わる》くして続《つづ》けられずにやめていく人《ひと》も出《で》てきます。

遠《とお》いところからきた生徒《せいと》の中《なか》には、きびしさとさびしさのあまりホームシックという、心《こころ》がとても悲《かな》しくなってしまう病気《びょうき》になる人《ひと》もいました。

「つらいけどさ、オレ、この学校《がっこう》へ来《き》てよかったよ。かならず訓練士《くんれんし》の資格《しかく》をとって卒業《そつぎょう》するんだ」

「わたしも。もう犬《いぬ》の世話《せわ》や訓練《くんれん》にもなれてきたし、ちょっと自信《じしん》も持《も》てるようになったわ」

「がんばろうぜ、気合《きあ》いだ、気合《きあ》いだ!」

一年《ねん》がすぎてくると、こんな明《あか》るい生徒《せいと》たちの声《こえ》が、教室《きょうしつ》や訓練場《くんれんじょう》から聞《き》こえてきました。

講義《こうぎ》を熱心《ねっしん》に聞《き》く生徒《せいと》たち。食欲《しょくよく》が旺盛《おうせい》な子犬《こいぬ》たち

訓練《くんれん》の基本《きほん》

「さあ、きょうも元気《げんき》に訓練《くんれん》をはじめます」

「お願《ねが》いしまーす」

藤井《ふじい》さんの大《おお》きな声《こえ》に、生徒《せいと》たちが元気《げんき》な返事《へんじ》を返《かえ》します。

藤井《ふじい》さんの前《まえ》で横一列《よこいちれつ》に立《た》っている生徒《せいと》たち、その左側《ひだりがわ》にはきちっと正座《せいざ》をした訓練犬《くんれんけん》たちがいます。

犬《いぬ》の訓練《くんれん》の第一歩《だいいっぽ》といえるのは、「服従訓練《ふくじゅうくんれん》」です。人間《にんげん》の命令《めいれい》した言葉《ことば》に犬《いぬ》を絶対《ぜったい》にしたがわせるという訓練《くんれん》で、盲導犬《もうどうけん》や警察犬《けいさつけん》でも、もっとも基本《きほん》の訓練《くんれん》なのです。

服従訓練《ふくじゅうくんれん》には、次《つぎ》の五つがあります。

見事《みごと》な訓練《くんれん》ぶりを示《しめ》す生徒《せいと》と犬《いぬ》たち

①、「座《すわ》れ」と命令《めいれい》されたら、座《すわ》ること。

②、「あとへ」と命令《めいれい》されたら、人《ひと》の歩《ある》く早《はや》さに合《あ》わせて歩《ある》くこと。けっして犬《いぬ》がかってに走《はし》ったり、ジグザグ歩《ある》きをしてはならないという訓練《くんれん》。

③、「伏《ふ》せ」と命令《めいれい》されたら、正座《せいざ》をしてから両方《りょうほう》の前足《まえあし》を前《まえ》にのばしてお腹《なか》を地面《じめん》につけること。

④、「待《ま》て」と命令《めいれい》されたら、そのとき歩《ある》いていれば立《た》ったままで待《ま》つこと、伏《ふ》せをしていたらそのままで待《ま》つことの訓練《くんれん》。

⑤、「来《こ》い」と命令《めいれい》されたら、待《ま》てをしていても、遠《とお》く離《はな》れたところで自由《じゆう》に遊《あそ》んでいるときでも、すぐに命令《めいれい》した人《ひと》の前《まえ》へ来《く》ること。

この五つを訓練《くんれん》して完全《かんぜん》に覚《おぼ》えることが、人間《にんげん》のために働《はたら》いてくれる盲導犬《もうどうけん》や警察犬《けいさつけん》のような使役犬《しえきけん》に大切《たいせつ》なことなのです。使役犬《しえきけん》とは、犬《いぬ》の能力《のうりょく》を利用《りよう》して人間社会《にんげんしゃかい》のために役立《やくだ》てるようにした犬《いぬ》のことです。

この服従訓練《ふくじゅうくんれん》をもとに、警察犬《けいさつけん》は警察犬用《けいさつけんよう》としての訓練《くんれん》、盲導犬《もうどうけん》は盲導犬《もうどうけん》用《よう》の訓練《くんれん》をして使役犬《しえきけん》にします。

また、ペットとして犬《いぬ》を飼《か》う人《ひと》たちにとっても、この五つの服従訓練《ふくじゅうくんれん》がきちんとできていると、犬《いぬ》といっしょに暮《く》らす生活《せいかつ》がとても楽《たの》しくなるのです。服従訓練《ふくじゅうくんれん》をしていない犬《いぬ》だと、急《きゅう》に走《はし》りだして飼《か》い主《ぬし》を引《ひ》きたおして、けがをさせてしまったり、運《うん》が悪《わる》ければ交通事故《こうつうじこ》にあうことさえありますから、服従訓練《ふくじゅうくんれん》はとても大切《たいせつ》なのです。

学校《がっこう》では毎日毎日《まいにちまいにち》、生徒《せいと》と訓練犬《くんれんけん》の訓練《くんれん》が続《つづ》きます。服従訓練《ふくじゅうくんれん》ができると、警察犬《けいさつけん》としての特別訓練《とくべつくんれん》が待《ま》っています。

人《ひと》を殺《ころ》した犯人《はんにん》が逃《に》げるとちゅうに捨《す》てたナイフを見《み》つけだしたり、物置《ものお》き小屋《ごや》にかくれた犯人《はんにん》を見《み》つけたりする訓練《くんれん》。犯人《はんにん》が暴《あば》れたら「おそえ！」という命令《めいれい》で飛《と》びかかる訓練《くんれん》や、高《たか》い塀《へい》をのぼって逃《に》げた犯人《はんにん》の後《あと》から「ジャンプ！」の命令《めいれい》で塀《へい》を飛《と》びこえるといった訓練《くんれん》です。

このような訓練《くんれん》はとてもむずかしく、生徒《せいと》たちはそのために悩《なや》んだり、苦《くる》しんだり、先輩《せんぱい》の訓練士《くんれんし》に相談《そうだん》しながら、一つひとつできるようになっていくのです。

「できないのは、君《きみ》がまだ訓練犬《くんれんけん》と気持《きも》ちがひとつになれないからだ。もっと自分《じぶん》の訓練犬《くんれんけん》と気持《きも》ちがしっかり結《むす》び合《あ》えれば、きっとできるはず」

「それには何《なに》が必要《ひつよう》ですか」

「犬《いぬ》にもっともっと話《はな》しかけたりすることだ。たとえばブラッシングするときに、がんばろうね、がんばってねって、自分《じぶん》の気持《きも》ちを犬《いぬ》に伝《つた》えながらしてやることが大切《たいせつ》なんだ」

邦蔵《くにぞう》さんや藤井《ふじい》さんは、訓練犬《くんれんけん》のことを相談《そうだん》してきた生徒《せいと》にいつもこのように答《こた》えました。

警察犬《けいさつけん》の訓練《くんれん》を指導《しどう》する藤井《ふじい》先生《せんせい》（中央《ちゅうおう》の作業服《さぎょうふく》）と生徒《せいと》たち

ブラッシングというのは、毛《け》をとかすブラシでゴシゴシと犬《いぬ》の体《からだ》をこすってあげることで、朝《あさ》の訓練前《くんれんまえ》や、夕方《ゆうがた》の訓練《くんれん》が終《お》わったときなどにやります。

ブラッシングすることで、犬《いぬ》の体《からだ》の血行《けっこう》がとてもよくなったり、つかれた筋肉《きんにく》をほぐすマッサージにもなるので、犬《いぬ》はとても喜《よろこ》び、人間《にんげん》に感謝《かんしゃ》の気持《きも》ちをもちます。

生徒《せいと》はかならずこのブラッシングはやることになっていました。ただ、自分《じぶん》もつかれているときなど、もうこのくらいでいいだろうという気持《きも》ちで少《すこ》しの時間《じかん》しかしてあげない生徒《せいと》もたまにいます。

「犬《いぬ》の気持《きも》ちになってみて、時間《じかん》をかけてやりなさい」

藤井《ふじい》さんの教《おし》えは、犬《いぬ》に話《はな》しかけたり、犬《いぬ》をはげます思《おも》いをこめてブラッシングをすれば、その思《おも》いはかならず犬《いぬ》に伝《つた》わって、犬《いぬ》にがんばろうとする気持《きも》ちがでてくるというものでした。

生徒《せいと》にとってなによりうれしいことは、訓練犬《くんれんけん》が次々《つぎつぎ》といろいろな訓練《くんれん》を覚《おぼ》えていくことでした。すると、自分《じぶん》は訓練士《くんれんし》になれるという自信《じしん》もでてきます。ときには、訓練生《くんれんせい》たちだけの訓練競技会《くんれんきょうぎかい》を行《おこ》なって、よい成績《せいせき》をあげたりすれば、もっと大《おお》きな自信《じしん》になります。

生徒《せいと》はこうした訓練《くんれん》のくり返《かえ》しを二年間続《ねんかんつづ》け、国《くに》で認《みと》めた犬《いぬ》の団体《だんたい》の訓練士《くんれんし》の資格《しかく》に合格《ごうかく》して、卒業《そつぎょう》していくことになります。

「すごい！　藤井《ふじい》さんとこの卒業生《そつぎょうせい》が、全国大会《ぜんこくたいかい》で優勝《ゆうしょう》したねぇ」

「藤井《ふじい》さん、卒業生《そつぎょうせい》にぜひこちらで働《はたら》いてもらいたいので、三人《にん》ほどおねがいできませんか」

卒業生《そつぎょうせい》が競技会《きょうぎかい》で活躍《かつやく》する声《こえ》を耳《みみ》にするたびに、藤井《ふじい》さんはうれしい気持《きも》ちと、ほっとした気持《きも》ちになりました。

（学校《がっこう》をつくって、ほんとうによかった。犬《いぬ》の世界《せかい》に少《すこ》しは役《やく》に立《た》つことがで

卒業式《そつぎょうしき》で社会人《しゃかいじん》としても立派《りっぱ》な訓練士《くんれんし》になるよう話《はな》す藤井《ふじい》先生《せんせい》

きたかな）

学校《がっこう》を続《つづ》けていくためには、とてもたくさんのお金《かね》がかかります。

（玲子《れいこ》もいろいろ協力《きょうりょく》してくれたし、邦蔵《くにぞう》にも苦労《くろう》をかけたな）

藤井《ふじい》さんは心《こころ》の中《なか》で、家族《かぞく》みんなに感謝《かんしゃ》する気持《きも》ちを、けっして忘《わす》れませんでした。

盲導犬《もうどうけん》の記事《きじ》

新聞《しんぶん》を見《み》ていた藤井《ふじい》さんの目《め》に、なじみのある顔《かお》が飛《と》びこんできました。古《ふる》い訓練士仲間《くんれんしなかま》のひとりである塩屋賢一《しおやけんいち》さんでした。

『増《ふ》えはじめてきた盲導犬《もうどうけん》、その犬《いぬ》といっしょに元気《げんき》にがんばって訓練《くんれん》をする目《め》の不自由《ふじゆう》な人《ひと》たち』――といった内容《ないよう》の記事《きじ》が、写真《しゃしん》つきで出《で》ていました。

塩屋《しおや》さんは、愛犬家《あいけんか》の犬《いぬ》をあずかって訓練《くんれん》する訓練所《くんれんじょ》を経営《けいえい》していました。

ある日《ひ》、道《みち》で目《め》の不自由《ふじゆう》な少年《しょうねん》と出会《であ》ったことから、

「盲導犬《もうどうけん》をつくろう!」

と思《おも》い立《た》ちます。そして、いのちがけの苦労《くろう》をしながら、日本《にほん》にはまだいなかった盲導犬《もうどうけん》『チャンピィ号《ごう》』を、初《はじ》めて育《そだ》てあげました。昭和三十二年《しょうわさんじゅうにねん》(一九五七)のことでした。それから何十頭《なんじゅっとう》もの盲導犬《もうどうけん》を育《そだ》て続《つづ》けてきた塩屋《しおや》さんは、『日本《にほん》の盲導犬《もうどうけん》の父《ちち》』ともいわれるようになりました。

(目《め》の不自由《ふじゆう》な人《ひと》が、全国《ぜんこく》に三十五万人《まんにん》もいるのか。盲導犬《もうどうけん》に育《そだ》てられるのが一年間《ねんかん》でわずかに二十頭《とう》。なのに盲導犬《もうどうけん》を使《つか》いたい人《ひと》がその何十倍《なんじゅうばい》も待《ま》っているのか……)

記事《きじ》を読《よ》みおわった藤井《ふじい》さんは、深《ふか》いため息《いき》をひとつつきました。

(塩屋《しおや》さんは目《め》の不自由《ふじゆう》な人《ひと》のために役《やく》に立《た》っている。自分《じぶん》もおなじ犬《いぬ》の訓練《くんれん》

士《し》の仕事《しごと》をしている。訓練士養成《くんれんしようせい》の学校《がっこう》はつくった。でも……、もっと世《よ》の中《なか》のために、訓練士《くんれんし》としての技《わざ》を使《つか》って役《やく》に立《た》つことはできないだろうか）

藤井《ふじい》さんは校長室《こうちょうしつ》のイスに座《すわ》ったまま、うで組《ぐ》みをして天井《てんじょう》を見上《みあ》げながら、じっと考《かんが》えました。そして、目《め》をつむりました。

（盲導犬《もうどうけん》は、人《ひと》の目《め》のかわりになっている……）

リンリリリーン　リンリリリーン

電話《でんわ》のベルが鳴《な》りひびきました。藤井《ふじい》さんは、ハッと、机《つくえ》のうえの黒《くろ》い電話《でんわ》機《き》を見《み》つめました。

リンリリリーン　リンリリリーン

（そうだ、これだ！）

藤井《ふじい》さんは、両手《りょうて》のひらで両方《りょうほう》の耳《みみ》をふさいでみました。電話《でんわ》のベルの音《おと》が、急《きゅう》に小《ちい》さくなります。両手《りょうて》にぎゅうっと力《ちから》をこめてみました。ざわ、ざわざわするような感《かん》じだけがします。藤《ふじ》井《い》さんはそのまま部《へ》屋《や》のすみまで移《い》動《どう》しました。ベルの音《おと》はかすかにしか聞《き》こえません。

耳《みみ》から手《て》をはなした藤《ふじ》井《い》さんは、あわてて受《じゅ》話《わ》器《き》をとりました。

「はい、もしもし、オールドッグセンターです」

電《でん》話《わ》は奥《おく》さんの玲《れい》子《こ》さんからでした。

「あっ、玲《れい》子《こ》か。ちょうどよかった、ちょっと聞《き》いてくれ」

そういうと藤《ふじ》井《い》さんは玲《れい》子《こ》さんに、盲《もう》導《どう》犬《けん》がいるのだから、耳《みみ》が聞《き》こえない人《ひと》の役《やく》に立《た》つ犬《いぬ》がいてもいいじゃないかと、まくしたてるように話《はな》しました。

「決《き》めた。おれは、耳《みみ》のかわりになる犬《いぬ》を育《そだ》てる」

玲《れい》子《こ》さんは、ちょっとびっくりして、ひと呼《こ》吸《きゅう》おいてからいいました。

「わかりました。あなたの思《おも》うように、なさってください。わたしはいつでも応《おう》援《えん》します」

「そうか、ありがとう。あっ、なんの用《よう》だったんだ」

「たいしたことではありませんから」

そういうと玲子《れいこ》さんは電話《でんわ》をきりました。

藤井《ふじい》さんは電話帳《でんわちょう》を開《ひら》くと、役場《やくば》の福祉課《ふくしか》に電話《でんわ》をしました。福祉課《ふくしか》とは、交通事故《こうつうじこ》で車《くるま》イスの生活《せいかつ》になってしまったり、病気《びょうき》やけがで目《め》が見《み》えなくなった人《ひと》や、耳《みみ》が聞《き》こえなくなってしまった人《ひと》たちの相談《そうだん》を受《う》けたり、その手助《てだす》けを考《かんが》えたりしているところです。

「えっ！　三十五万人《まんにん》もいるのですか？」

藤井《ふじい》さんが聞《き》いたのは、日本《にほん》にいる耳《みみ》の不自由《ふじゆう》な人《ひと》の数《かず》でした。目《め》の不自由《ふじゆう》な人《ひと》とおなじ数《かず》であったことを教《おし》えられ、とてもおどろきました。そして悲《かな》しい気持《きも》ちになりました。

(目《め》が見《み》えない人《ひと》もたいへんだけど、音《おと》が聞《き》こえない人《ひと》もつらいだろうな)

受話器《じゅわき》をおいた藤井《ふじい》さんは、また両手《りょうて》で両耳《りょうみみ》をふさいでみました。訓練場《くんれんじょう》から聞《き》こえていた生徒《せいと》たちの大《おお》きな号令《ごうれい》が聞《き》こえません。そのままガラス窓《まど》に近《ちか》づきました。ワンワンとなくまだ若《わか》い犬《いぬ》たちの声《こえ》も聞《き》こえません。犬《いぬ》たちが口《くち》をパクパクさせているのが見《み》えるだけです。駐車場《ちゅうしゃじょう》から邦蔵《くにぞう》さんがどこかへ用足《ようた》しに行《い》くクルマが見《み》えました。でもクルマが走《はし》っていく音《おと》が聞《き》こえません。

(耳《みみ》の不自由《ふじゆう》な人《ひと》が三十五万人《まんにん》かぁ……)

その夜《よる》、藤井《ふじい》さんはおそくまで校長室《こうちょうしつ》に残《のこ》り、机《つくえ》の引《ひ》き出《だ》しや書類《しょるい》をしまっておくロッカーの中《なか》などを、長《なが》い時間《じかん》さがし続《つづ》けました。

「あった！　これだ」

やっとさがしあてたものは、犬《いぬ》の雑誌《ざっし》でした。パラパラとめくっていた藤井《ふじい》さんの目《め》が、ピタッとあるページでとまりました。

それは、耳《みみ》の不自由《ふじゆう》な人《ひと》に音《おと》を知《し》らせることができる「ヒアリング・ドッグ」（聴導犬《ちょうどうけん》）とよばれる犬《いぬ》の記事《きじ》でした。

記事《きじ》には、生《う》まれつき耳《みみ》の不自由《ふじゆう》な人《ひと》は、人《ひと》の話《はな》す言葉《ことば》を耳《みみ》で聞《き》きとることができないために、口《くち》から言葉《ことば》が出《で》てこないということも書《か》かれていました。

耳《みみ》に障害《しょうがい》をもつ人《ひと》たちに、両手《りょうて》や口《くち》の動《うご》きで、言葉《ことば》とおなじように伝《つた》えられる方法《ほうほう》の『手話《しゅわ》』や、相手《あいて》の口《くち》の動《うご》きを見《み》て言葉《ことば》を聞《き》いたこととおなじにする方法《ほうほう》の『口話《こうわ》』があること、それを教《おし》える学校《がっこう》や、そういう活動《かつどう》にボランティアで協力《きょうりょく》する人《ひと》たちがいることも書《か》かれてありました。

人《ひと》の話《はな》す言葉《ことば》を、耳《みみ》が不自由《ふじゆう》な人《ひと》に手話《しゅわ》で伝《つた》える人《ひと》のことを「手話通訳者《しゅわつうやくしゃ》」といいます。手話通訳者《しゅわつうやくしゃ》になるためには、国《くに》の厚生省《こうせいしょう》の試験《しけん》に合格《ごうかく》した資格《しかく》が必要《ひつよう》です。

また、そのためには、住《す》んでいる町《まち》の役場《やくば》にある福祉協議会《ふくしきょうぎかい》というところで勉強《べんきょう》して、手話《しゅわ》を習《なら》わなくてはなりません。「手話通訳者《しゅわつうやくしゃ》を育《そだ》てる会《かい》」のようなボランティア団体《だんたい》が教《おし》えるところもあります。

手話《しゅわ》は日本語《にほんご》だけではなく、〝英語《えいご》の手話《しゅわ》〟もありますが、手《て》や指《ゆび》だけでなく体全体《からだぜんたい》、とくに顔《かお》の表情《ひょうじょう》も使《つか》って伝《つた》えるので、なれないうちはむずかしいうえ、とてもつかれます。

ただ、障害《しょうがい》のある人《ひと》が、手話《しゅわ》がわからない障害《しょうがい》のない人《ひと》に手話《しゅわ》でなにか伝《つた》えようとすると、何倍《なんばい》ものエネルギーが必要《ひつよう》なことが、わかりました。

アメリカやイギリスには、耳《みみ》の不自由《ふじゆう》な人《ひと》たちに、バイクの走《はし》ってくる音《おと》や自転車《じてんしゃ》のベルの音《おと》、家《いえ》の中《なか》の電話《でんわ》の音《おと》、赤《あか》ちゃんの泣《な》き声《ごえ》などを飼《か》い主《ぬし》に教《おし》えてくれるヒアリング・ドッグ（聴導犬《ちょうどうけん》）という使役犬《しえきけん》がいて、障害《しょうがい》をもつ多《おお》くの人《ひと》たちのために働《はたら》いているが、しかし日本《にほん》には一頭《とう》もいない、と書《か》かれていました。

（日本《にほん》にはまだ一頭《とう》も聴導犬《ちょうどうけん》がいないのか。でも何《なに》から、どうはじめればいいんだろう……）

記事《きじ》を読《よ》み終《お》えた藤井《ふじい》さんは、またうで組《ぐ》みをして考《かんが》えこんでしまいました。

しばらくたったある日《ひ》、藤井《ふじい》さんのところに、昔《むかし》からの知《し》り合《あ》いの笠井千次《かさいせんじ》さんから電話《でんわ》がきました。笠井《かさい》さんは動物病院《どうぶつびょういん》の先生《せんせい》です。

「藤井《ふじい》さん、じつは相談《そうだん》というか、お願《ねが》いがあるんだが……」

そういって話《はな》しはじめた内容《ないよう》は、アメリカには「ヒアリング・ドッグ」という犬《いぬ》がいて、盲導犬《もうどうけん》（ガイド・ドッグ）とおなじように、人間《にんげん》の役《やく》に立《た》っているらしいこと、日本《にほん》でも普及《ふきゅう》させたいから、いまアメリカに調査《ちょうさ》に行《い》ってもらっていて、国《くに》の厚生省《こうせいしょう》にもかけあっているというものでした。

「まずは〝モデル犬《けん》〟を育《そだ》ててみようってことで、まっさきに藤井《ふじい》さんが思《おも》いうかんだもんだから」

「先生《せんせい》、ほんとうですか。じつはわたしも、そのヒアリング・ドッグってものに興味《きょうみ》をもっていたところなんです。ぜひ協力《きょうりょく》させてください」

藤井《ふじい》さんは、あまりの偶然《ぐうぜん》に、胸《むね》がたかなりました。

シェルティ犬《けん》ロッキー

昭和《しょうわ》五十六年《ねん》（一九八一）三月三日《がつみっか》、日本小動物獣医師会《にほんしょうどうぶつじゅういしかい》というグループの呼《よ》びかけのもとに、聴導犬普及委員会《ちょうどうけんふきゅういいんかい》が設置《せっち》されました。普及《ふきゅう》というのは、広《ひろ》げたい、という意味《いみ》です。

三月三日《がつみっか》にしたのは、この日《ひ》が〝耳《みみ》の日《ひ》〟だからです。会《かい》の委員長《いいんちょう》には笠井《かさい》さん、役員《やくいん》は獣医《じゅうい》の木暮規夫《こぐれのりお》さん、清野光一《せいのこういち》さんが加《くわ》わりました。藤井《ふじい》さんはもちろん、藤井《ふじい》さんの訓練士仲間《くんれんしなかま》や、このことを応援《おうえん》したいという人《ひと》が集《あつ》まってくれました。

藤井《ふじい》さんは、さっそく聴導犬《ちょうどうけん》の訓練《くんれん》をはじめました。選《えら》んだ犬《いぬ》は、メスのシェルティ犬《けん》「ロッキー」です。ロッキーは愛犬家《あいけんか》から、しつけの訓練《くんれん》にあずかったのですが、その人《ひと》に飼《か》えない事情《じじょう》がおこって、藤井《ふじい》さんがそのまま引《ひ》き取《と》ったのでした。

シェルティ犬《けん》は、小型《こがた》のコリー犬《けん》ともいわれている犬《いぬ》で、イギリスでは、牧場《ぼくじょう》で羊《ひつじ》の群《む》れを守《まも》ったりする、とても利口《りこう》な種類《しゅるい》の犬《いぬ》です。体重《たいじゅう》は七〜十二キログらいで、長《なが》い毛《け》は茶《ちゃ》、白《しろ》、黒《くろ》などがまじっていて、とてもきれいです。ほそ長《なが》いキツネっぽい顔立《かおだ》ちで、クルッとした目《め》と、ピンと立《た》った耳《みみ》の先《さき》が少《すこ》し前《まえ》へピョコンと曲《ま》がった姿《すがた》は、かわいさ満点《まんてん》。それでも性格《せいかく》は勇《いさ》ましいので、日本《にほん》の愛犬家《あいけんか》にも、飼《か》いたいという人《ひと》が多《おお》くなっていました。

たしかにシェルティ犬《けん》は、羊飼《ひつじか》いの人《ひと》の言葉《ことば》や、口笛《くちぶえ》による命令《めいれい》をよく聞《き》いて、何十頭《なんじゅっとう》もの羊《ひつじ》の群《む》れを、何頭《なんとう》かの仲間《なかま》の犬《いぬ》と協力《きょうりょく》し合《あ》って、群《む》れがバラバラにならないようにします。

とても飼《か》いやすい犬《いぬ》ですし、人《ひと》の言葉《ことば》もよくおぼえてしたがいます。

(自分《じぶん》の知《し》っているシェルティ犬《けん》は、ほえすぎたり、子《こ》どもがちょっとしっぽをつかんだだけで、怒《おこ》ってかみついたりしてるけどなあ)

藤井《ふじい》さんは少《すこ》し自信《じしん》のないまま、シェルティ犬《けん》「ロッキー」の訓練《くんれん》をはじめました。

「さあ、それじゃ、服従訓練《ふくじゅうくんれん》のおさらいをしてみるか」

もうすでにロッキーには服従訓練《ふくじゅうくんれん》はしっかりと覚《おぼ》えさせていたのですが、藤井《ふじい》さんは何回《なんかい》もくり返《かえ》しました。

「よし、ロッキー、服従《ふくじゅう》はOK《オーケー》だ。あしたから聴導犬《ちょうどうけん》の訓練《くんれん》に入《はい》ろう」

藤井《ふじい》さんは、アメリカから取《と》り寄《よ》せてもらった資料《しりょう》をもとに、学校《がっこう》の建物《たてもの》のとなりに、聴導犬《ちょうどうけん》を訓練《くんれん》するための小屋《こや》を作《つく》っておきました。

この訓練室《くんれんしつ》は二十畳《じょう》くらいの広《ひろ》さで、小《ちい》さな家《いえ》と同《おな》じように、台所《だいどころ》があって、ガス台《だい》もあり、その上《うえ》にヤカンものっています。

机《つくえ》とイスもあります。机《つくえ》の上《うえ》には電話機《でんわき》とカセットがおいてあり、窓《まど》の下《した》にはベッドも用意《ようい》されています。かわいい赤《あか》ちゃんぐらいの人形《にんぎょう》が、ふとんをかけて寝《ね》かされています。

入口《いりぐち》のドアにはインターフォンがついています。

藤井《ふじい》さんは訓練《くんれん》の助手《じょしゅ》を、訓練生《くんれんせい》の町田《まちだ》さんという女《おんな》の人《ひと》におねがいすることにしました。

「町田《まちだ》くん、きょうからロッキーを聴導犬《ちょうどうけん》に育《そだ》てる訓練《くんれん》をはじめる。わたしもわからないことだらけだか、いっしょに挑戦《ちょうせん》してみよう」

「はい！　がんばります」

町田《まちだ》さんは大《おお》きな目《め》を輝《かがや》かせて、元気《げんき》よく返事《へんじ》をしました。

藤井《ふじい》さんが訓練室《くんれんしつ》へ準備《じゅんび》をしに行《い》くと、町田《まちだ》さんはロッキーといっしょに運動場《うんどうじょう》のまわりを走《はし》りはじめました。

「ロッキー、座《すわ》れ！」

二周《しゅう》まわったところで、町田《まちだ》さんはロッキーに命令《めいれい》を出《だ》しました。ロッキーは走《はし》るのをピタッとやめて、その場《ば》で正座《せいざ》をしました。

リードを手《て》から放《はな》した町田《まちだ》さんは、自分《じぶん》だけスタスタと先《さき》を歩《ある》いて、二十メートルぐらいのところでクルリとロッキーのほうへ向《む》きをかえました。ロッキーはそのまま町田《まちだ》さんからの次《つぎ》の命令《めいれい》を待《ま》っています。二十秒《びょう》くらい、気《き》をつけをしたままの町田《まちだ》さんとロッキーは向《む》かい合《あ》ったまま黙《だま》っています。

「来《こ》い！」

町田《まちだ》さんのひと声《こえ》でロッキーは、待《ま》ってましたとばかりに走《はし》り、町田《まちだ》さんの立《た》っている前《まえ》へ来《く》ると、キチンと正座《せいざ》をしました。

「よし、ロッキー、いい子《こ》、よくわかるね」

町田《まちだ》さんは、ロッキーの頭《あたま》を両手《りょうて》でかかえるようにして、なでてほめます。

ロッキーがしっぽをビュンビュンふって喜《よろこ》びます。

町田《まちだ》さんは運動場《うんどうじょう》を逆《ぎゃく》まわりしたり、広《ひろ》い場所《ばしょ》へ行《い》ったりしながら、二十分《ぷん》くらい、ロッキーの服従訓練《ふくじゅうくんれん》のおさらいをしました。

「ロッキー、先生《せんせい》のとこへ行《い》こう」

入口《いりぐち》で待《ま》っていた藤井《ふじい》さんが町田《まちだ》さんと訓練《くんれん》の方法《ほうほう》を話《はな》し合《あ》います。ふたりをキョトンとした顔《かお》つきで見上《みあ》げるロッキーは、荒《あら》い息《いき》をしながらも目《め》はキラキラと輝《かがや》いていました。

訓練《くんれん》をはじめるときに大切《たいせつ》なのは、犬《いぬ》にやる気《き》を起《お》こさせることです。訓練《くんれん》を楽《たの》しいゲームだと思《おも》わせることなのです。

人《ひと》から命令《めいれい》がでたら犬《いぬ》がその行動《こうどう》をする、その行動《こうどう》を犬《いぬ》がとれば人《ひと》がほめてくれる、すると犬《いぬ》は喜《よろこ》びを感《かん》じる。

〈もっとほめられたい、次《つぎ》の命令《めいれい》はなに？　早《はや》く命令《めいれい》を出《だ》して！〉

こんなふうに犬《いぬ》に思《おも》わせることができれば、上手《じょうず》な訓練士《くんれんし》といえます。

テニスボールを投《な》げて犬《いぬ》に持《も》ってこさせたり、手《て》を差《さ》しだして〝お手《て》〟をさせるような芸《げい》でもおなじことで、楽《たの》しいと思《おも》わせなければなりません。

「覚《おぼ》えの悪《わる》い犬《いぬ》だ、バカ犬《いぬ》め」

なんて、怒《おこ》ったり、どなったりするのは、間違《まちが》いなのです。

「できないの？　じゃ、きょうはもうやめよう。あしたがんばるんだよ」

と、やさしい言葉《ことば》をかけたり、はげましたりして、それをくり返《かえ》すのが正《ただ》しいやり方《かた》です。

犬《いぬ》は一万《まん》三千年《ぜんねん》も前《まえ》から人間《にんげん》といっしょに暮《く》らしてきたために、人《ひと》の考《かんが》えていることを察知《さっち》する能力《のうりょく》がとても発達《はったつ》しているといわれています。だから、命令《めいれい》どおりの行動《こうどう》ができなかったことも、飼《か》い主《ぬし》が怒《おこ》ってることも、ちゃんとわかっています。そんなときに、大《おお》きな声《こえ》で怒《おこ》られたりすると頭《あたま》がピリピリとふるえて恐《こわ》くなって、ますます体《からだ》の動《うご》きがにぶくなってしまいます。すると、次《つぎ》の訓練《くんれん》をいやがってしまうのです。

藤井《ふじい》さんも町田《まちだ》さんも、けっしてロッキーを怒《おこ》ることはありませんでした。

チャイムの訓練《くんれん》

「さあ、ロッキー、チャイムの音《おと》だぞ」

藤井《ふじい》さんがロッキーといっしょに訓練室《くんれんしつ》に入《はい》り、町田《まちだ》さんが閉《し》められたドアの外《そと》に立《た》ちました。

町田《まちだ》さんの手《て》には訓練用《くんれんよう》の細《ほそ》いひもがにぎられ、その先《さき》はロッキーの首輪《くびわ》に結《むす》ばれています。部屋《へや》の中《なか》のイスに座《すわ》った藤井《ふじい》さんの手《て》にも同《おな》じひもがあり、やはりロッキーの首輪《くびわ》に結《むす》ばれています。つまり、ロッキーの首輪《くびわ》には二本《ほん》のひもが結《むす》ばれていることになります。

藤井《ふじい》さんが耳《みみ》の聞《き》こえない飼《か》い主《ぬし》の役《やく》で、町田《まちだ》さんが訪《たず》ねてきたお客《きゃく》さんの役《やく》でした。

町田《まちだ》さんがドアのチャイムを押《お》します。

ピンポーン
チャイムの音《おと》に、ドアの内側《うちがわ》に立《た》っていたロッキーがきょとんとした顔《かお》でドアを見上《みあ》げます。そのとき、さっと藤井《ふじい》さんがひもを引《ひ》きました。あっというまに藤井《ふじい》さんの足元《あしもと》へ引《ひ》き寄《よ》せられたロッキーに、

（ロッキー、いい子《こ》、いい子《こ》）

藤井《ふじい》さんは声《こえ》をださずに、ロッキーの目《め》をやさしく見《み》つめながら、両手《りょうて》で頭《あたま》やほおをなでてやります。聴導犬《ちょうどうけん》の訓練《くんれん》では、言葉《ことば》による命令《めいれい》はしないで、手《て》による合図《あいず》と表情《ひょうじょう》だけにしました。

このとき、藤井《ふじい》さんはひもを操作《そうさ》して、自分《じぶん》の足《あし》にロッキーの前足《まえあし》がのっかって、ひざのあたりをカリカリとかくようにさせています。

（ロッキー、あとへ）

藤井《ふじい》さんは、大喜《おおよろこ》びしているロッキーに、ドアのほうへ行《い》くように手《て》で合図《あいず》をして立《た》ち上《あ》がります。と同時《どうじ》に、こんどは町田《まちだ》さんがひもを引《ひ》っぱります。

藤井《ふじい》さんがドアを開《あ》けると町田《まちだ》さんが立《た》っていて、

（ロッキー、いい子《こ》）

と、町田《まちだ》さんにほめられます。

この訓練《くんれん》は、チャイムの音《おと》を聞《き》いた聴導犬《ちょうどうけん》が、耳《みみ》に障害《しょうがい》をもつ飼《か》い主《ぬし》に〈お客《きゃく》さまがきましたよ〉と、ドアまで飼《か》い主《ぬし》を案内《あんない》するものです。

かんたんそうに思《おも》える訓練《くんれん》ですが、音《おと》の発生《はっせい》したところを確《たし》かめること、飼《か》い主《ぬし》に知《し》らせること、音《おと》が発生《はっせい》したところへ飼《か》い主《ぬし》ともどること、この三つの作業《さぎょう》の組《く》み合《あ》わせなので、一つひとつ正《ただ》しく犬《いぬ》に覚《おぼ》えさせていかなくてはなりません。

それは、ガス台《だい》のヤカンのお湯《ゆ》がわいた「ピー」という音《おと》や、ベッドで寝《ね》かせていた赤《あか》ちゃんの泣《な》き声《ごえ》、電話《でんわ》の音《おと》を知《し》らせるときなど、すべてに共通《きょうつう》する訓練《くんれん》でもあります。

藤井《ふじい》さんと町田《まちだ》さんはロッキーに、チャイムの訓練《くんれん》をくり返《かえ》しました。

このむずかしい訓練《くんれん》のコツは、チャイムの音《おと》に気《き》づいてロッキーがドアのほうを見《み》たらすぐに、ちょっとだけひもを強《つよ》く引《ひ》いて、首輪《くびわ》にその力《ちから》が伝《つた》わった

ら、次《つぎ》に静《しず》かに引《ひ》き寄《よ》せることです。

「町田《まちだ》くん、いまのは強《つよ》すぎる。それでは引《ひ》っぱっていることになるから気《き》をつけて」

町田《まちだ》さんが藤井《ふじい》さんから注意《ちゅうい》を受《う》けます。

ふたりとロッキーの〝三人組《さんにんぐみ》〟の訓練《くんれん》は何回《なんかい》も、何日《なんにち》も続《つづ》きました。

「うーん、こまったなぁ」

「そうですねぇ……」

ある日《ひ》、ロッキーの訓練《くんれん》を終《お》えた藤井《ふじい》さんと町田《まちだ》さんが、校長室《こうちょうしつ》で話《はな》し合《あ》っていました。

じつは、ロッキーがすぐに訓練《くんれん》をあきらめてしまい、あくびをしたり、チャイムがなっても動《うご》こうとしなくなったのです。もっとこまったことは、ドアを開《あ》けた町田《まちだ》さんへ、しっぽをふりながら飛《と》びついてしまい、〈なでてくれ〉と甘《あま》えてしまうことをやめないことでした。

訓練《くんれん》のやりはじめの何回《なんかい》かは正《ただ》しくやるのですが、くり返《かえ》していくと、「飛《と》びつきや、甘《あま》える行動《こうどう》をしだすのです。

「先生《せんせい》、聴導犬《ちょうどうけん》の訓練《くんれん》も教《おし》えられた通《とお》りにできたんだから、ほめてよって、わたしに飛《と》びついちゃうのも、むりもないんじゃないでしょうか」

「うん、まあ、ロッキーにしてみりゃ、わたしにカリカリして、町田《まちだ》くんにはカリカリをしてはいけないってことは、わからないんだろうなあ」

藤井《ふじい》さんは、うで組《ぐ》みをして、こまった顔《かお》になりました。

「町田《まちだ》くんが、もし犬《いぬ》のきらいな郵便屋《ゆうびんや》さんや、初《はじ》めてたずねてきたお客《きゃく》さんだったら、飛《と》びついたり、じゃれついたら、相手《あいて》はびっくりしてしまうし、けがでもさせたら大変《たいへん》なことになる。やめさせるにはどうしたらいいかな……」

ふたりは長《なが》い時間《じかん》、校長室《こうちょうしつ》で話《はな》し合《あ》いました。

それから一週間《しゅうかん》がたちました。ふたりはとても明《あか》るい顔《かお》になっています。じつは、ロッキーの飛《と》びつきが直《なお》ったのです。

チャイムの音《おと》でロッキーがドアまで行《い》って、だれか来《き》たことを確《たし》かめてから、藤井《ふじい》さんにカリカリして知《し》らせます。藤井《ふじい》さんをロッキーがドアまで案内《あんない》して、藤井《ふじい》さんがドアを開《あ》けます。このとき、藤井《ふじい》さんはひもをずっと短《みじか》くしました。

そして、開《ひら》きかけたドアのすき間《ま》から町田《まちだ》さんが、

（ロッキー、ストップ）

と、手《て》の合図《あいず》を見《み》せます。ロッキーは、この合図《あいず》と短《みじか》くしたひものために、飛《と》びつけず、それをくり返《かえ》したことで、いつしか飛《と》びつかなくなったのでした。

「どうだい、目《め》の前《まえ》にきちんと座《すわ》ったロッキーがいるっていう気分《きぶん》は？」

「ええ、最高《さいこう》ですねぇ」

町田《まちだ》さんがニコニコ顔《がお》で答《こた》えます。

「ただ……、まだあきちゃいますねぇ」

小《ちい》さな声《こえ》で町田《まちだ》さんがいいました。

「それが問題《もんだい》だな。これからいろんなことを覚《おぼ》えていかなきゃならんのに、あきっぽいからなあ、ロッキーは」

「じっさいの生活《せいかつ》で、あきちゃったら、飼《か》い主《ぬし》さんがこまりますからね」

「そう。お客《きゃく》さんが来《き》ても、いまは眠《ねむ》いからとか、電話《でんわ》の音《おと》が聞《き》こえているのに立《た》ちたくないっていうんじゃダメなんだ。いつでも、どこでも、何《なん》の音《おと》でもすぐに知《し》らせなきゃいけない」

「音《おと》を知《し》らせるのは、ゲームではなくて仕事《しごと》なんだってことが、ロッキーにはまだわかってないんですね。きっと、おなじことをまだやるの、つまんないよって思《おも》ってるんでしょうね。あきてくると動《うご》かなくなってしまいます」

こんな話《はな》し合《あ》いをふたりは何日《なんにち》もくり返《かえ》しました。一カ月《げつ》がすぎ、二カ月《げつ》がすぎても、ロッキーの気《き》まぐれや、あきっぽさは直《なお》りませんでした。

藤井《ふじい》さんはこれまで訓練士《くんれんし》を続《つづ》けてきて、こんなにこまってしまったことはありませんでした。何回《なんかい》も競技会《きょうぎかい》で大《おお》きな賞《しょう》をとるような犬《いぬ》を育《そだ》ててきましたが、たった一頭《とう》のシェルティ犬《けん》「ロッキー」の訓練《くんれん》には、こまりはててしまいました。

（しかたない、最後《さいご》の手段《しゅだん》を使《つか》うか）

藤井《ふじい》さんはある決心《けっしん》をしました。

次《つぎ》の日《ひ》、藤井《ふじい》さんは、牛《うし》の肝臓《かんぞう》（レバー）を煮《に》てから乾燥《かんそう》させた肉《にく》をつくりました。小《ちい》さくちぎって犬《いぬ》にあげる、ごほうび用《よう》の肉《にく》です。

「これまでわたしは、犬《いぬ》を訓練《くんれん》するのに、ほうびなんて与《あた》えてやることはしてこなかった。それは、盲導犬《もうどうけん》を育《そだ》てあげた塩屋《しおや》さんもおなじだ。けどね、ロッキーにはやってみることにする」

藤井《ふじい》さんの顔《かお》は、ちょっとくやしそうでした。

「まずは服従訓練《ふくじゅうくんれん》のおさらいからだ」

藤井《ふじい》さんは、す早《ばや》くいっしょに歩《ある》く、座《すわ》る、伏《ふ》せる、止《と》まる、呼《よ》ばれたらすぐに来《く》る、という服従訓練《ふくじゅうくんれん》を次々《つぎつぎ》に命令《めいれい》します。

〈なんだこんなの、かんたんだよ〉

ロッキーは得意《とくい》げな顔《がお》で正《ただ》しく行動《こうどう》します。藤井《ふじい》さんは、「よし」とほめると、すぐにそのたびにレバーをロッキーにあげました。レバーは干《ほ》しブドウ三つくらいの大《おお》きさです。

〈……!?〉

ロッキーは初《はじ》めてごほうびのレバーをもらったとき、おどろいた顔《かお》をしながらも、パクッと食《た》べました。藤井《ふじい》さんの右手《みぎて》にまだレバーがあることを知《し》ったロッキーの目《め》がキラッと光《ひか》りました。

〈もっとほしい！〉

ロッキーの口元《くちもと》がヒクヒク動《うご》きました。

〈食《た》べたい！　ちょうだい〉

こうして命令《めいれい》をひとつ正《ただ》しく行動《こうどう》するたびに、大好物《だいこうぶつ》のレバーを食《た》べたロッキーの目《め》は、ますます輝《かがや》いてきました。

藤井《ふじい》さんは、ごほうび作戦《さくせん》がうまくいきそうなことがわかり、ほっとしました。

「これからは聴導犬《ちょうどうけん》の訓練《くんれん》だ。ごほうびはまだいっぱいここにあるぞ」

藤井《ふじい》さんは、ズボンのポケットの口《くち》を少《すこ》し開《あ》けながらロッキーにいいました。

ロッキーがさっとスボンのポケットに、鼻《はな》をつっこんできました。

「がんばれば、やる。さあ、はじめよう。ロッキー、伏《ふ》せ」

藤井《ふじい》さんの命令《めいれい》でロッキーはその横《よこ》ですぐに伏《ふ》せをしました。

訓練室《くんれんしつ》がシーンと静《しず》かになりました。

ピンポーン
ドアの外《そと》で町田《まちだ》さんが押《お》したインターフォンがなりました。

ロッキーが伏《ふ》せのまま首《くび》をドアに向《む》けます。いつものように、あっちへ引《ひ》っぱられ、こっちへ引《ひ》っぱられ、最後《さいご》にドアの前《まえ》に立《た》ち、藤井《ふじい》さんがドアを開《あ》けます。町田《まちだ》さんが、

「こんにちは、ロッキー。いい子《こ》ねぇ」

と、あいさつをします。

すると、藤井《ふじい》さんがすぐポケットからレバーをひとつ取《と》りだし、ロッキーをほめながら与《あた》えます。

〈レバーだ！〉

パクッとロッキーが大喜《おおよろこ》びで食《た》べました。

レバー作戦《さくせん》で、ドアチャイムの訓練《くんれん》がなんどもくり返《かえ》されました。

「先生《せんせい》、ロッキー、すごくがんばりましたね」

「ああ。あくびもしないし、あきることもなく続《つづ》けられたな」

事務室《じむしつ》にもどってきたふたりは上機嫌《じょうきげん》です。

「でも先生《せんせい》、聴導犬《ちょうどうけん》の訓練《くんれん》って、警察犬《けいさつけん》や盲導犬《もうどうけん》よりもむずかしいんじゃないでしょうか。人《ひと》に音《おと》を知《し》らせて導《みちび》くなんて、犬《いぬ》のもともとの能力《のうりょく》にはないんじゃないですか」

「たしかにそうだけど、盲導犬《もうどうけん》だっておなじことがいえるんだ。自分《じぶん》の飼《か》い主《ぬし》が目《め》が見《み》えないなんてことは、犬《いぬ》にはわからない。だけど、犬自身《いぬじしん》が歩《ある》くのには危《あぶ》なくないが、飼《か》い主《ぬし》には危《あぶ》ないもの、たとえば道路《どうろ》のでこぼこや空中《くうちゅう》につきだした木《き》の枝《えだ》や看板《かんばん》なんかがあることを飼《か》い主《ぬし》に知《し》らせる。これは犬《いぬ》の本能《ほんのう》にはなかったものだと思《おも》う。これを訓練《くんれん》によってわからせた、できるようにさせたってことはすごいことなんだ」

「そういわれれば、そうですね」

「だから、聴導犬《ちょうどうけん》の訓練《くんれん》だって、がんばればわかるはず、できるはずなんだ。イギリスやアメリカじゃ、もう何百頭《なんびゃくとう》もの聴導犬《ちょうどうけん》が誕生《たんじょう》して、りっぱに働《はたら》いているわけだし。ただ、問題《もんだい》があるとすれば一つだけ……」

「なんですか？」

「まだ日本《にほん》には聴導犬《ちょうどうけん》は一頭《とう》も誕生《たんじょう》していないってこと」

「その最初《さいしょ》の一頭《とう》に、ロッキーがなれたらすごいですね」

「町田《まちだ》くん、どんなことだってゼロからはじめるってことは大変《たいへん》なんだ。でも、だれかがやらなければ、何《なに》もはじまらない。それにチャレンジできてるわれわれは、光栄《こうえい》なことでもあるんだ」

声《こえ》を強《つよ》くして話《はな》す藤井《ふじい》さんに、町田《まちだ》さんはなんどもうなずきました。

レバー作戦《さくせん》のおかげで、訓練《くんれん》は順調《じゅんちょう》にいっているように思《おも》えました。しかし、藤井《ふじい》さんはロッキーのあるしぐさを見《み》のがしてはいませんでした。

ロッキーは順序《じゅんじょ》も正《ただ》しく、あきることはなくなりました。でも行動《こうどう》が雑《ざつ》になって、藤井《ふじい》さんのひざへのカリカリも一回《かい》だけで、顔《かお》をしっかりと見《み》ずに、すぐにドアのほうへ向《む》いてしまっていました。

「レバーを早《はや》くほしがってるんですかね」

「そう。これはね、ペットにお座《すわ》りやお手《て》をエサをあたえながら教《おし》えこむと、飼《か》い主《ぬし》がエサを手《て》にもっただけで、命令《めいれい》しないうちに犬《いぬ》がかってに芸《げい》をやってしまうことがよくあるのといっしょ。覚《おぼ》えた芸《げい》をやれば大好《だいす》きなエサがもらえるから早《はや》くやっちゃえっていうこと」

これは、むずかしい言葉《ことば》でいうと、条件反射《じょうけんはんしゃ》とか連鎖反応《れんさはんのう》といいます。

「ペットならそれでもかまわないかもしれないが、聴導犬《ちょうどうけん》は使役犬《しえきけん》だ。いくつもの音《おと》を覚《おぼ》えて行動《こうどう》しなければならない。エサほしさでは失格《しっかく》だ。だから、レバー作戦《さくせん》はずっとは続《つづ》けない」

藤井《ふじい》さんはきっぱりといいきりました。

それからの訓練《くんれん》では、ごほうびをじょじょに減《へ》らしていきました。そして、ごほうびを一回《かい》もあたえなくても、ロッキーは訓練《くんれん》をこなすようになりました。

「もう、だいじょうぶだ。これからは、ひももつけないでやっていこう」

ひもをはずされたロッキーは、最初《さいしょ》こそとまどった顔《かお》になりましたが、これまでの訓練《くんれん》どおりにの行動《こうどう》を、す早《ばや》く完《かん》ぺきにできました。何回《なんかい》くり返《かえ》しても、間違《まちが》うこともありませんでした。

「満点《まんてん》だ。ドアのチャイムは卒業《そつぎょう》だ。次《つぎ》の訓練《くんれん》に入《はい》ろう」

藤井《ふじい》さんは自信《じしん》にみちた声《こえ》でいいました。

赤《あか》ちゃんは苦手《にがて》？

「町田《まちだ》くん、きょうからは電話《でんわ》の音《おと》の訓練《くんれん》だ」

「はい。がんばろうね、ロッキー」

町田《まちだ》さんはロッキーをやさしくなでました。

電話《でんわ》のベルの訓練《くんれん》も、基本的《きほんてき》なやり方《かた》は、ドアのチャイムとおなじです。

訓練室《くんれんしつ》のキッチンの前《まえ》に立《た》った藤井《ふじい》さんは、その足元《あしもと》にロッキーを座《すわ》らせました。藤井《ふじい》さんの反対側《はんたいがわ》の壁《かべ》ぎわには町田《まちだ》さんが座《すわ》っています。ロッキーの首《くび》輪《わ》にはひもが二本《ほん》、一本《ぽん》は藤井《ふじい》さん、もう一本《ぽん》は町田《まちだ》さんがもっています。ふたりのあいだには机《つくえ》があり、その上《うえ》に電話機《でんわき》とカセットがならんでおいてあります。

「はじめようか」

藤井《ふじい》さんの声《こえ》で町田《まちだ》さんが立《た》ち上《あ》がり、カセットのボタンを押《お》してまた元《もと》のところへもどって座《すわ》ります。

リンリリリーン　リンリリリーン
録音《ろくおん》された電話《でんわ》のベルの音《おと》がカセットから流《なが》れました。同時《どうじ》に町田《まちだ》さんのひもが引《ひ》かれます。引《ひ》かれたロッキーが町田《まちだ》さんのほうへ歩《ある》いて、机《つくえ》のある場所《ばしょ》までできたところで、こんどは藤井《ふじい》さんがピッと強《つよ》くひもを引《ひ》きます。

ロッキーはドアのチャイムの訓練《くんれん》で、首輪《くびわ》から伝《つた》わってくるピッと強《つよ》く引《ひ》かれるひもが「座《すわ》れ」という合図《あいず》になっているために、すぐにその場《ば》で座《すわ》りました。ロッキーは、机《つくえ》の上《うえ》のほうに顔《かお》を向《む》け、初《はじ》めて聞《き》く電話《でんわ》のベルの音《おと》を、首《くび》をかしげながら聞《き》いています。

また藤井《ふじい》さんのひもが強《つよ》く引《ひ》かれ、ロッキーはサッサッと藤井《ふじい》さんのほうへ歩《ある》いてきました。藤井《ふじい》さんは、す早《ばや》くひもをそのままの力《ちから》で短《みじか》くたぐり寄《よ》せ、ロッキーの前足《まえあし》が藤井《ふじい》さんの足《あし》にカリカリできるように、ひもを高《たか》く引《ひ》き上《あ》げました。ロッキーの前足《まえあし》がほんの少《すこ》し藤井《ふじい》さんのズボンにふれたところでひもをゆるめ、ロッキーと目《め》を合《あ》わせました。

(なに?)

藤井《ふじい》さんが目《め》の表情《ひょうじょう》でロッキーに質問《しつもん》します。

するとまた町田《まちだ》さんが、ひもを引《ひ》っぱります。ロッキーが机《つくえ》のところへきたとき、藤井《ふじい》さんのひもがまたピッと引《ひ》かれます。

座《すわ》ったロッキーに藤井《ふじい》さんがひもをゆるめて近《ちか》づき、カセットの音《おと》をとめてから受話器《じゅわき》を手《て》にとり、見上《みあ》げているロッキーによく見《み》せます。

(ロッキー、よい子《こ》だ)

藤井《ふじい》さんは腰《こし》をおろしながら、ロッキーの顔《かお》をなんどもなでてやります。そして、ごほうびをあげます。

〈わっ！　レバーだ〉

ごほうびにロッキーは、ビュンビュンしっぽをふります。

「さあ、がんばって覚《おぼ》えてね」

町田《まちだ》さんのやさしい声《こえ》にはげまされて、二回《かい》、三回《かい》、五回《かい》となんどもくり返《かえ》し、三日《みっか》、五日《いつか》、七日《なのか》と訓練《くんれん》が続《つづ》きます。

そして、この訓練《くんれん》も正《ただ》しく覚《おぼ》えたところから、ごほうびなしに切《き》りかえました。それでもロッキーは見事《みごと》に、電話《でんわ》のベルを知《し》らせることができるようになりました。

「よし。このやり方《かた》なら、あとの訓練《くんれん》もうまくいくな」

藤井《ふじい》さんはロッキーへの訓練方法《くんれんほうほう》に、たしかな自信《じしん》をもちました。

ところが、次《つぎ》の「赤《あか》ちゃんの泣《な》き声《ごえ》」を教《おし》える訓練《くんれん》をはじめたところ、この自信《じしん》はくずれてしまいました。

ベビーベッドに寝《ね》かせた赤《あか》ちゃんが急《きゅう》に泣《な》きだしたことを、ちがうベッドで眠《ねむ》っているお母《かあ》さんに知《し》らせる訓練《くんれん》です。

ほんものの赤《あか》ちゃんを使《つか》うことはできないので、人形《にんぎょう》を使《つか》います。人形《にんぎょう》の横《よこ》においたカセットには、ほんとうの赤《あか》ちゃんの泣《な》き声《ごえ》を録音《ろくおん》したテープが入《はい》っています。ほんものの赤《あか》ちゃんの泣《な》き声《ごえ》のほうがよいはずだと考《かんが》えた藤井《ふじい》さんが、知《し》り合《あ》いの病院《びょういん》の先生《せんせい》に頼《たの》んで、産《う》まれてまもない赤《あか》ちゃんの声《こえ》を、わざわざ病院《びょういん》へ行《い》って録音《ろくおん》させてもらったのでした。

赤《あか》ちゃんは、お腹《なか》がへったことや、ウンチやオシッコが出《で》て気持《きも》ちが悪《わる》いことを、お母《かあ》さんに知《し》らせるために、全身《ぜんしん》に思《おも》いっきり力《ちから》をいれて泣《な》きます。

この訓練《くんれん》では、お母《かあ》さん役《やく》は女性《じょせい》の町田《まちだ》さんになりました。

訓練《くんれん》の一回目《かいめ》。町田《まちだ》さんは部屋《へや》のベッドの上《うえ》で、うすいふとんをかけて目《め》をつぶっています。藤井《ふじい》さんはベッドの反対側《はんたいがわ》の壁《かべ》がわに座《すわ》っています。ふたりのあいだのベビーベッドには人形《にんぎょう》とカセットテープ。ロッキーは町田《まちだ》さんのふとんの横《よこ》で、伏《ふ》せをしています。

「いいね、はじめるよ」

藤井《ふじい》さんが町田《まちだ》さんへ小《ちい》さな声《こえ》でいうと、カセットを押《お》してまた元《もと》の場所《ばしょ》へもどります。

オギャアー　オギャアー　オギャアー

静《しず》かな部屋《へや》に赤《あか》ちゃんの大《おお》きな泣《な》き声《ごえ》がひびきました。

〈なんだ、この音《おと》は！〉

泣《な》き声《ごえ》にびっくりしたロッキーが、サッと玄関《げんかん》のほうへ走《はし》っていき、ドアに背中《せなか》をつけたまま、うずくまってしまいました。

とつぜんのことで、町田《まちだ》さんはロッキーの首輪《くびわ》に結《むす》んだひもを放《はな》してしまっていました。ふとんから飛《と》び起《お》きて町田《まちだ》さんがかけよります。

「ロッキー、だいじょうぶよ」

町田《まちだ》さんの目《め》に映《うつ》ったロッキーの顔《かお》は、恐《おそ》ろしさで引《ひ》きつっていました。

「あらぁ、かわいそうに」

ロッキーの体《からだ》はブルブルふるえ、耳《みみ》は後《うし》ろへ引《ひ》っぱられたように伏《ふ》せてしまい、荒《あら》い息《いき》をハァハァとはき続《つづ》けています。

「こんなロッキーの顔《かお》、いままで見《み》たことありません」

町田《まちだ》さんはロッキーを静《しず》かに抱《だ》いてやりました。

「やめよう。こんなにおどろいてしまったら、何回《なんかい》やったっておなじことだ」

ロッキーはすぐに外《そと》に出《だ》されました。

訓練場《くんれんじょう》のベンチに腰《こし》かけた町田《まちだ》さんは、ロッキーをひざの上《うえ》に乗《の》せ、声《こえ》をかけながら全身《ぜんしん》をなで続《つづ》けます。

「一週間《しゅうかん》くらい訓練《くんれん》は休《やす》もう。でも、どこでもいいから、カセットの音《おと》を小《ちい》さくして、ロッキーを遊《あそ》ばせながら聞《き》かせてみよう。ブラッシングのときでも、ふとんの上《うえ》でだっていいからやってみてくれ」

藤井《ふじい》さんはちょっとこまったなぁという顔《かお》をしながらいいました。

翌日《よくじつ》、町田《まちだ》さんはロッキーを、訓練場《くんれんじょう》と駐車場《ちゅうしゃじょう》とのあいだにある草《くさ》むらへ連《つ》れだしました。片手《かたて》にカセットとブラシをもっています。町田《まちだ》さんは草《くさ》の上《うえ》に腰《こし》をおろして、ロッキーの体《からだ》を横《よこ》にさせてブラッシングをはじめました。ロッキーは気持《きも》ちよさそうに目《め》を細《ほそ》めています。

町田《まちだ》さんは、リードをしっかりにぎりしめてから、おそるおそるカセットのボタンを押《お》しました。かすかに小《ちい》さな音《おと》ですが、オギャー、オギャーと、赤《あか》ちゃんの声《こえ》が流《なが》れました。

ロッキーはギクッとなって目《め》をあけましたが、おどろいたようすもなく、体《からだ》を起《お》こさず、静《しず》かにマッサージを受《う》け続《つづ》けています。

一分《ぷん》、三分《ぷん》とたち、町田《まちだ》さんが少《すこ》しだけ音《おと》を大《おお》きくしてみました。うっすらと目《め》を開《あ》けていたロッキーは、ピクリとも動《うご》きません。

（だいじょうぶだわ）

またほんの少《すこ》し音《おと》を上《あ》げました。

「ロッキー、気持《きも》ちよかったでしょ、はい、おしまい」

町田《まちだ》さんの声《こえ》に立《た》ち上《あ》がったロッキーは、ブルブルンと体《からだ》をふって、満足《まんぞく》そうな顔《かお》になりました。

町田《まちだ》さんは、訓練所《くんれんじょ》のまわりの畑《はたけ》の細《ほそ》い道《みち》を、グルグルまわって散歩《さんぽ》させてから訓練室《くんれんしつ》へもどりました。部屋《へや》の中《なか》でも、小《ちい》さい音《おと》にして泣《な》き声《ごえ》を流《なが》し続《つづ》けました。町田《まちだ》さんは、ふとんにあお向《む》けになって本《ほん》を読《よ》み、ロッキーはその横《よこ》

で眠《ねむ》っています。

次《つぎ》の日《ひ》もおなじようなことをくり返《かえ》し、カセットの音《おと》だけは少《すこ》しずつ高《たか》くしていきました。

「先生《せんせい》、泣《な》き声《ごえ》になれさせる作戦《さくせん》は成功《せいこう》です。もうパニックにはなりません」

一週間目《しゅうかんめ》の午後《ごご》、町田《まちだ》さんは藤井《ふじい》さんに報告《ほうこく》しました。

次《つぎ》の日《ひ》からまた訓練《くんれん》がはじまりました。そしてロッキーは、赤《あか》ちゃんの泣《な》き声《ごえ》を知《し》らせる訓練《くんれん》を、二週間《しゅうかん》もかからずに覚《おぼ》えることができました。

「じゃ、次《つぎ》の訓練《くんれん》に入《はい》ろう」

藤井《ふじい》さんも町田《まちだ》さんも明《あか》るい顔《かお》になっています。そんなふたりを、ロッキーは後《うし》ろ足《あし》で首《くび》のあたりをかきながら見上《みあ》げています。その目《め》は、

〈つぎは、どんな訓練《くんれん》だい？〉

という気合《きあ》いで、キラキラ光《ひか》っていました。

訓練《くんれん》には、前田《まえだ》さんと吉田《よしだ》さんという訓練士仲間《くんれんしなかま》も協力《きょうりょく》してくれました。そして、学校《がっこう》の職員《しょくいん》やほかの生徒《せいと》たち、藤井《ふじい》さんの奥《おく》さんも手伝《てつだ》いました。自転車《じてんしゃ》のベルを知《し》らせる訓練《くんれん》では、ロッキーを連《つ》れて歩《ある》く藤井《ふじい》さんの後《うし》ろから、自転車《じてんしゃ》に乗《の》った玲子《れいこ》さんが近《ちか》づきながら、ベルをチリンチリンとならします。その音《おと》でロッキーがパッと後《うし》ろ足《あし》で立《た》って、藤井《ふじい》さんの足《あし》を前足《まえあし》でカリカリと引《ひ》っかきます。藤井《ふじい》さんがサッと横《よこ》によけて自転車《じてんしゃ》を先《さき》に通《とお》します。

（よくできた、すばらしいぞ）

危険《きけん》を教《おし》えてくれたロッキーへ、ごほうびとして藤井《ふじい》さんは心《こころ》をこめて、だまってほおをなでてやります。

飼《か》い主《ぬし》のいのちにかかわる火災報知器《かさいほうちき》や非常《ひじょう》ベルの音《おと》、クルマのプップッーという警告音《けいこくおん》、パトカーや救急車《きゅうきゅうしゃ》のサイレンの音《おと》も知《し》らせるように、なんどもなんども訓練《くんれん》します。

そのほかにも、やかんの沸騰《ふっとう》する音《おと》や、目覚《めざ》まし時計《どけい》の音《おと》など、毎日《まいにち》の暮《く》らしのなかで発生《はっせい》する大切《たいせつ》な音《おと》を、ちゃんと知《し》らせるように、来《く》る日《ひ》も来《く》る日《ひ》も訓練《くんれん》が続《つづ》きました。

それらの訓練《くんれん》は、人《ひと》も犬《いぬ》も、とても根気《こんき》のいるものでした。

聴導犬《ちょうどうけん》一号《ごう》、二号《ごう》誕生《たんじょう》!!

モデル犬《けん》にチャレンジして、一年《ねん》がすぎました。昭和《しょうわ》五十八年《ねん》（一九八三）、オールドッグセンターで訓練《くんれん》した犬《いぬ》が、聴導犬《ちょうどうけん》普及《ふきゅう》委員会《いいんかい》の先生《せんせい》たちのテストを受《う》けて、二頭《とう》が合格《ごうかく》しました。一頭《とう》はロッキー、もう一頭《とう》はメスのシェルティ犬《けん》のドラゴンでした。藤井《ふじい》さんやみんなの努力《どりょく》が実《みの》った瞬間《しゅんかん》でした。

翌《よく》五十九年《ねん》（一九八四）九月《がつ》に、埼玉県《さいたまけん》鶴ケ島《つるがしま》町《まち》（現《げん》・鶴ケ島《つるがしま》市《し》）の役場《やくば》の協力《きょうりょく》で、日本《にほん》での聴導犬第《ちょうどうけんだい》一号《ごう》としてロッキーを、耳《みみ》に障害《しょうがい》のある人《ひと》に贈《おく》ることができました。このとき、二号犬《ごうけん》としてドラゴンも贈《おく》りました。

この日《ひ》の夜《よる》、聴導犬普及委員会《ちょうどうけんふきゅういいんかい》の清野《せいの》さんは、学校《がっこう》の事務室《じむしつ》で感謝《かんしゃ》の言葉《ことば》をのべました。

「藤井《ふじい》さん、町田《まちだ》さん、よくがんばってくれました。これからも協力《きょうりょく》し合《あ》って、聴導犬《ちょうどうけん》を育《そだ》てていきましょう」

藤井《ふじい》さんと町田《まちだ》さんは顔《かお》を見合《みあ》わせてとても満足《まんぞく》そうでした。

二頭《とう》の聴導犬《ちょうどうけん》を贈《おく》ってもらった人《ひと》は、ふたりとも子《こ》どもがいる家《いえ》のお母《かあ》さんでした。

ふたりのお母《かあ》さんは、聴導犬《ちょうどうけん》とともに暮《く》らすための「合同訓練《ごうどうくんれん》」のため、藤《ふじ》井《い》さんの学校《がっこう》へ一カ月《げつ》ほど通《かよ》うことになりました。藤井《ふじい》さんと町田《まちだ》さんから聴導犬《ちょうどうけん》の使《つか》い方《かた》や、働《はたら》きぶりを教《おし》えてもらうためです。そして、技術《ぎじゅつ》はもちろん、聴導犬《ちょうどうけん》との心《こころ》の絆《きずな》をきづいて、家《いえ》の中《なか》での訓練《くんれん》もしてから、それぞれの家《か》庭《てい》に入《はい》るのです。

ぶじに合同訓練《ごうどうくんれん》も終《お》わり、ロッキーもドラゴンも〝家族《かぞく》の一員《いちいん》〟になるため、巣立《すだ》っていきました。

しばらくしてから、感謝《かんしゃ》の手紙《てがみ》が学校《がっこう》に届《とど》きました。

「ほんとうに感謝《かんしゃ》しています。ロッキーと生活《せいかつ》していく中《なか》で、とても助《たす》けてもらっています。子《こ》どもも兄弟《きょうだい》ができたみたいに喜《よろこ》んでいました」

「こんなにかしこいなんて、びっくりの毎日《まいにち》です。主人《しゅじん》がやきもちをやくくらいです」

どちらの飼《か》い主《ぬし》からも、聴導犬《ちょうどうけん》といっしょに映《うつ》った写真《しゃしん》がそえられて、その喜《よろこ》びようが、ひしひしと伝《つた》わってきました。

聴導犬《ちょうどうけん》 2号《ごう》のドラゴン号《ごう》

（よかった。ほんとうによかった。自分《じぶん》たちが育《そだ》てた聴導犬《ちょうどうけん》が、耳《みみ》にハンデをもつ人《ひと》のために役立《やくだ》てることができた）

藤井《ふじい》さんは、胸《むね》が熱《あつ》くなりました。そして、大《おお》きな息《いき》を一つすると、

「よし、三号目《ごうめ》だ」

と、声《こえ》にだして自分自身《じぶんじしん》にいい聞《き》かせました。

藤井《ふじい》さんは、三頭目《とうめ》、四頭目《とうめ》、五頭目《とうめ》と、次々《つぎつぎ》に聴導犬《ちょうどうけん》を育《そだ》てていきました。

はじめのころはシェルティ犬《けん》が多《おお》かったのですが、六号目《ごうめ》からはプードル犬《けん》、シーズー犬《けん》、ビーグル犬《けん》、柴犬《しばいぬ》と、いろいろな種類《しゅるい》の犬《いぬ》にも挑戦《ちょうせん》しました。

「シェルティ犬《けん》でなくてもいいんだ。聴導犬《ちょうどうけん》にむくかどうか、その犬《いぬ》の性格《せいかく》のほうが大事《だいじ》なんだ」

藤井《ふじい》さんの挑戦《ちょうせん》は、何年《なんねん》も続《つづ》きました。

捨《す》て犬《いぬ》から聴導犬《ちょうどうけん》へ

　ある日《ひ》、学校《がっこう》の職員《しょくいん》の本田《ほんだ》さんが、うす茶色《ちゃいろ》の子犬《こいぬ》を訓練所《くんれんじょ》に持《も》ちこんできました。本田《ほんだ》さんは、捨《す》てられた不幸《ふこう》な犬《いぬ》を助《たす》けるボランティア活動《かつどう》をしている人《ひと》たちの手伝《てつだ》いもしています。ときどき、駅前《えきまえ》や公園《こうえん》で、道《みち》ゆく人《ひと》たちに新《あたら》しい飼《か》い主《ぬし》になってくれるよう呼《よ》びかけたりしているのです。

「先生《せんせい》、きょう、この子《こ》だけどうしても、もらい手《て》が見《み》つからなくて。ほかのボランティアさんたちも不幸《ふこう》な犬《いぬ》をたくさん引《ひ》きとっているので……、かわいそうになって、わたしが引《ひ》きとってきちゃったんです」

　本田《ほんだ》さんは、抱《だ》いている子犬《こいぬ》を藤井《ふじい》さんに見《み》せました。

「うーん。母犬《ははいぬ》も父犬《ちちいぬ》もどんな犬種《けんしゅ》かわからない雑種《ざっしゅ》だね」

藤井《ふじい》さんは子犬《こいぬ》を抱《だ》きとって顔《かお》を近《ちか》づけました。子犬《こいぬ》はオスで、とてもかわいい顔《かお》で、生《う》まれて二カ月《げつ》くらいのようでした。

「じゃ、とりあえずそこへ入《い》れて世話《せわ》をしてやりなさい」

と、ケージに子犬《こいぬ》を入《い》れるようにいいました。

翌朝《よくあさ》、その子犬《こいぬ》は、細《ほそ》いリードを首輪《くびわ》につながれて、校舎《こうしゃ》のわきをチョコチョコと歩《ある》いていています。散歩《さんぽ》をさせていたのは、本田《ほんだ》さんではなく、藤井《ふじい》さんでした。散歩《さんぽ》からもどった藤井《ふじい》さんは、本田《ほんだ》さんにいいました。

「よし、この子《こ》を十号目《ごうめ》の聴導犬《ちょうどうけん》に育《そだ》ててみることにしよう」

「えっ、ほんとうにですか」

「雑種《ざっしゅ》だけど、かしこそうな顔《かお》で、性格《せいかく》も素直《すなお》そうだし。なんでも挑戦《ちょうせん》だ」

そういうと藤井《ふじい》さんは子犬《こいぬ》の頭《あたま》をなでました。

子犬《こいぬ》は『コータ』と名《な》づけられました。コータは、犬《いぬ》が百《ひゃく》五十頭《とう》近《ちか》くもいる訓練所《くんれんじょ》の中《なか》でも、少《すこ》しも恐《こわ》がることもなく、ごはんをモリモリ食《た》べて、職員《しょくいん》や生徒《せいと》たちにかわいがられ、元気《げんき》に育《そだ》っていきました。

ある朝《あさ》、藤井《ふじい》さんが本田《ほんだ》さんにいいました。

「本田《ほんだ》くん、コータの聴導犬《ちょうどうけん》の訓練《くんれん》、君《きみ》がやってみなさい」

「わたしがですか？」

はじめはおどろいた顔《かお》でしたが、すぐに笑顔《えがお》になっていました。

「はい、がんばります」

本田《ほんだ》さんはこの学校《がっこう》を卒業《そつぎょう》して、資格《しかく》をもっている訓練士《くんれんし》です。職員《しょくいん》として生徒《せいと》の世話《せわ》や学校《がっこう》の仕事《しごと》でいそがしい毎日《まいにち》ですが、十分《ぷん》でも三十分《ぷん》でも空《あ》いた時間《じかん》をつくって、コータといっしょにいるようにしました。

ところが、本田《ほんだ》さんは家《いえ》の事情《じじょう》で、急《きゅう》に故郷《ふるさと》へ帰《かえ》らなくてはならなくなって、学校《がっこう》をやめることになってしまいました。

「先生《せんせい》、コータのこと、よろしくお願《ねが》いします」

本田《ほんだ》さんは藤井《ふじい》さんに頭《あたま》をふかく下《さ》げて、学校《がっこう》を去《さ》って行《い》きました。

お昼休《ひるやす》み、訓練室《くんれんしつ》の入口《いりぐち》にあるコータのケージの前《まえ》に、ひとりの生徒《せいと》が腰《こし》をおろして話《はな》しかけていました。

「コータ、きょうから、わたしがあんたの世話係《せわがか》りよ」

目《め》がくりっとした女《おんな》の人《ひと》は、水越《みずこし》みゆきさんといいます。コータはしっぽをふって、もう大喜《おおよろこ》びです。

水越《みずこし》さんはコータの首輪《くびわ》にリードをつけると、広《ひろ》い訓練場《くんれんじょう》へ向《む》かいました。

生《う》まれてから百《ひゃく》五十日《にち》くらいたったコータは、とても早《はや》く走《はし》れます。

「よーし、コータ、もっと走《はし》れぇ」

水越《みずこし》さんがコータをサーッと追《お》いぬいて、コータをはげまします。そのまま

いっしょに訓練場《くんれんじょう》を二周《しゅう》ほど思《おも》いっきり走《はし》りました。

「コータ、聴導犬《ちょうどうけん》の訓練《くんれん》、いっしょにがんばろうね」

ハッハッと荒《あら》い息《いき》をしているコータの目《め》を見《み》て、水越《みずこし》さんがやさしくいいました。

〈わかった！〉

コータが小《ちい》さなしっぽをビュンビュンふりました。

水越《みずこし》さんは、ペットとして家《いえ》で飼《か》う犬《いぬ》の訓練士《くんれんし》の資格《しかく》をとるために、宮城県《みやぎけん》からこの学校《がっこう》へ入学《にゅうがく》してきたのです。子《こ》どものころから犬《いぬ》は大好《だいす》きでしたが、おじいさんがどうしても犬《いぬ》を飼《か》うことを、ゆるしてはくれませんでした。水越《みずこし》さんは、しかたなく友《とも》だちの家《いえ》の犬《いぬ》や、知《し》り合《あ》いの犬《いぬ》をかわいがってはよく遊《あそ》びました。

高校《こうこう》三年生《ねんせい》のとき、両親《りょうしん》に訓練士《くんれんし》養成《ようせい》の学校《がっこう》へ行《い》きたいと相談《そうだん》したところ、大反対《だいはんたい》されました。でも、水越《みずこし》さんの訓練士《くんれんし》になりたいという気持《きも》ちがとても強《つよ》かったので、ある日《ひ》お父《とう》さんがこっそり、藤井《ふじい》さんの学校《がっこう》へ行《い》って、訓練《くんれん》のようすを見学《けんがく》してきました。

「みゆき、きびしい道《みち》だろうが、がんばってみなさい」

お父《とう》さんが、賛成《さんせい》してくれたのです。

水越《みずこし》さんが藤井《ふじい》さんからコータの訓練《くんれん》をもちかけられたのは、入学《にゅうがく》してから、ちょうど一年《ねん》がすぎたときでした。

「日本《にほん》の訓練士《くんれんし》で、聴導犬専門《ちょうどうけんせんもん》はまだいない。コータを合格《ごうかく》させることができたら、水越《みずこし》くんが第一号《だいごう》ってことになる。そうなれば君《きみ》は家庭犬《かていけん》と聴導犬《ちょうどうけん》のふたつの資格《しかく》をもつことができる。たいへんだろうけど、チャンスだと思《おも》って、たのんだよ」

「はい。コータといっしょにがんばります」

水越《みずこし》さんは、大《おお》きな瞳《ひとみ》を輝《かがや》かせながら答《こた》えました。

「ほーら、お腹《なか》コチョコチョするぞぉ」

水越《みずこし》さんは草《くさ》の上《うえ》に寝《ね》ころがったコータの体《からだ》をくすぐったりして、甘《あま》えてくるコータの相手《あいて》をします。犬《いぬ》を訓練《くんれん》する前《まえ》には、こうして犬《いぬ》とのスキンシップがとても大切《たいせつ》です。ブラッシングをしてやることとおなじで、訓練士《くんれんし》と犬《いぬ》との絆《きずな》をきづくのです。

捨《す》て犬《いぬ》の子犬《こいぬ》だったコータは、生《う》まれてからもう六カ月《げつ》にもなっていました。家庭犬《かていけん》のしつけは、ふつう三カ月《げつ》くらいから始《はじ》めることを考《かんが》えれば、もう遅《おそ》いくらいです。

「コータ。あしたからビシビシ訓練《くんれん》するからね」

水越《みずこし》さんは、コータを抱《だ》き上《あ》げると、顔《かお》を近《ちか》づけていいました。コータの目《め》をピッと水越《みずこし》さんの目《め》がつかまえました。コータのキョロキョロした目《め》がとまりました。

「コータ、約束《やくそく》よ」

水越《みずこし》さんがニコッと笑《わら》っていいました。

次《つぎ》の日《ひ》、コータの聴導犬《ちょうどうけん》としての訓練《くんれん》がはじまりました。警察犬《けいさつけん》や盲導犬《もうどうけん》、家庭犬《かていけん》とおなじで、服従訓練《ふくじゅうくんれん》が第一歩《だいいっぽ》です。

命令《めいれい》した人《ひと》の左側《ひだりがわ》に正《ただ》しく座《すわ》る「座《すわ》れ」。人《ひと》の歩《ある》く早《はや》さに合《あ》わせていっしょに歩《ある》く「あとへ」。歩《ある》くのをやめる「待《ま》て」。座《すわ》った姿勢《しせい》から前足《まえあし》をのばして伏《ふ》せる「伏《ふ》せ」。待《ま》てや伏《ふ》せをさせたまま犬《いぬ》から離《はな》れた人《ひと》が、自分《じぶん》の足元《あしもと》へ犬《いぬ》を呼《よ》び寄《よ》せる「来《こ》い」。この五つです。

コータは人間《にんげん》でいえばまだ小学生《しょうがくせい》になったばかりの、わんぱく盛《ざか》り。訓練場《くんれんじょう》の桜《さくら》の木《き》をぐるぐるまわったり、フェンスのわきを元気《げんき》よく走《はし》り続《つづ》けます。よく見《み》ると、水越《みずこし》さんは急《きゅう》にU《ユー》ターンをしたり、右《みぎ》へ曲《ま》がったり、左《ひだり》へ曲《ま》がったりします。そのたびにコータの走《はし》る方向《ほうこう》がちがって、リードがピーンと張《は》ってしまい、コータの首輪《くびわ》に強《つよ》い力《ちから》が入《はい》ってしまいます。

「コータ、こっち。わたしといっしょに走《はし》りなさい」

水越《みずこし》さんは命令《めいれい》の言葉《ことば》を大《おお》きな声《こえ》で伝《つた》えます。

ときにはコータのほうから急《きゅう》にジグザグに走《はし》ったり、後《うし》ろへダッシュしようとしたりします。もう走《はし》るのがイヤになると、水越《みずこし》さんの足《あし》へピョーンと飛《と》びついたりもします。

コータがどうしても自分《じぶん》の行《い》きたいほうへ歩《ある》くといってきかないとき、水越《みずこし》さんはツンとした冷《つめ》たい顔《かお》をして、コータの行《い》くほうとは反対《はんたい》のほうへクルリと向《む》きを変《か》えて歩《ある》きます。

〈あれ？〉という顔《かお》つきになったコータは、しかたなくその後《あと》へ続《つづ》いて歩《ある》きま

コータと水越《みずこし》さん（写真《しゃしん》は聴導犬《ちょうどうけん》になってからのもの）

す。このとき水越《みずこし》さんはけっしてコータの名前《なまえ》や命令《めいれい》の言葉《ことば》はいいませんし、目《め》も合《あ》わせません。犬《いぬ》はかわいがってくれる人《ひと》から、このように冷《つめ》たくされることは、とても悲《かな》しくて、つらいのです。

これをくり返《かえ》すことで犬《いぬ》は、人《ひと》とおなじ方向《ほうこう》をおなじ早《はや》さで歩《ある》かなければいけないんだと学習《がくしゅう》していくのでした。

つかれたコータに水越《みずこし》さんが命令《めいれい》します。

「コータ、座《すわ》れ」

立《た》ちどまったコータの鼻先《はなさき》へ、水越《みずこし》さんは、かくしもっていた乾燥《かんそう》レバーを差《さ》しだしました。

〈食《た》べたーい！〉

コータの目《め》が、レバーに吸《す》いよせられます。レバーをもった水越《みずこし》さんの右手《みぎて》が少《すこ》しずつ上《うえ》へ引《ひ》きあげられます。コータの顔《かお》がしぜんと上《うえ》を向《む》くのを見《み》て、こんどはそのレバーを少《すこ》し前《まえ》に動《うご》かします。するとコータの後《うし》ろ足《あし》がしぜんに曲《ま》がり、スッと座《すわ》っていました。

「コータ、いい子《こ》」

水越《みずこし》さんがレバーをコータに与《あた》えました。これが「座《すわ》れ」の訓練《くんれん》で、犬《いぬ》の体《からだ》の仕組《しく》みをうまく利用《りよう》した訓練法《くんれんほう》なのです。

水越《みずこし》さんは、もっとほしそうな顔《かお》をしているコータの鼻先《はなさき》に、またレバーを差《さ》しだします。

こんどは、お座《すわ》りをしたままコータの右側《みぎがわ》にしゃがんで、「伏《ふ》せ」と命令《めいれい》すると同時《どうじ》に、レバーを鼻《はな》から下《した》に動《うご》かしました。レバーに集中《しゅうちゅう》したコータの目《め》がまん丸《まる》になった瞬間《しゅんかん》、水越《みずこし》さんの左手《ひだりて》がやさしくコータの肩《かた》を押《お》しました。コータの体《からだ》が下《さ》がると、両前足《りょうまえあし》がしぜんにスッーと前《まえ》へのび、お腹《なか》がピタッと地面《じめん》につきました。

「コータ、いい子《こ》。これが〝伏《ふ》せ〟よ。よーく覚《おぼ》えてね」

やさしくほめた水越《みずこし》さんは、レバーをコータに与《あた》えました。これも犬《いぬ》の体《からだ》の仕組《しく》みをうまく利用《りよう》したものです。

このような訓練《くんれん》は一回《かい》がせいぜい三十分《ぷん》くらいまでの短《みじか》い時間《じかん》で、一日《にち》二回《かい》、毎日《まいにち》くり返《かえ》すと、水越《みずこし》さんの命令《めいれい》ひと声《こえ》で、「あとへ」、「座《すわ》れ」、「伏《ふ》せ」ができるようになるのです。


「コータは、もう三つもできるもんね」

水越《みずこし》さんは、訓練《くんれん》を終《お》えたコータと向《む》き合《あ》ってほめてあげました。コータは、しっぽをビュンビュンふって喜《よろこ》びます。

「コータ。きょうは大《だい》サービス、外《そと》へ出《で》てみようか」

水越《みずこし》さんはコータと訓練所《くんれんじょ》から道路《どうろ》へ出《で》ました。すると、近所《きんじょ》のおばさんが犬《いぬ》を散歩《さんぽ》させているのに出合《であ》いました。

「あら、かわいいワンちゃんね、訓練所《くんれんじょ》の犬《いぬ》なの？」

「はい、コータっていいます」

「そう。見《み》たとこ、雑種《ざっしゅ》のようだけど……」

「そうです。でも、言葉《ことば》を覚《おぼ》えたりする能力《のうりょく》は、どんな犬《いぬ》でもおなじなんです。

ただ、種類《しゅるい》によって得意《とくい》なものと、そうじゃないものがあるだけです。訓練《くんれん》し
てやれば、利口《りこう》な犬《いぬ》にすることができるんです」

「あら、そうなの。でもコータくんは警察犬《けいさつけん》になるようには見《み》えないけど」

「はい、聴導犬《ちょうどうけん》をめざしています」

「ちょうどう犬《けん》？」

「耳《みみ》の不自由《ふじゆう》な人《ひと》に音《おと》を知《し》らせる犬《いぬ》です。自転車《じてんしゃ》のベルや、赤《あか》ちゃんの泣《な》き声《こえ》、
電話《でんわ》やファックスの音《おと》なんかも教《おし》えてくれるんです」

「あら、えらいわねぇ、聴導犬《ちょうどうけん》って。うちの犬《いぬ》にはむりだわ」

おばさんは飼《か》い犬《いぬ》に目《め》をやって笑《わら》いました。

「じゃ、コータくん、がんばってね」

おばさんと別《わか》れた水越《みずこし》さんは、いつのまにかスキップしていました。コータは、おばさんの犬《いぬ》を見《み》ても、つっかかったりしませんでした。水越《みずこし》さんのもつリードをけっして引《ひ》っぱらずに、まっすぐに走《はし》ります。曲《ま》がり角《かど》にきたとき、水越《みずこし》さんの命令《めいれい》ひと声《こえ》で、ピッと座《すわ》りました。

そこで右《みぎ》へ曲《ま》がったとたん、急《きゅう》に横《よこ》から猫《ねこ》が飛《と》びだしてきました。コータは
〈あっ、ネコだ〉という顔《かお》つきになりましたが、追《お》いかけようとはしませんでした。ほんのひと月前《つきまえ》のコータだったら、猫《ねこ》が逃《に》げるほうへメチャクチャにリードを引《ひ》っぱっているところです。

〈ボク、追《お》いかけないもん〉

コータは水越《みずこし》さんをチラッと見上《みあ》げて、すました顔《かお》になりました。

水越《みずこし》さんとコータの服従訓練《ふくじゅうくんれん》はとても早《はや》く進《すす》んで、藤井《ふじい》さんをおどろかせました。聴導犬《ちょうどうけん》の訓練《くんれん》に入《はい》ってからも、コータはとても素直《すなお》に訓練《くんれん》をこなしていきます。

そしてコータは、これまでのどの犬《いぬ》よりもいちばん早《はや》くに、聴導犬《ちょうどうけん》の試験《しけん》に合格《ごうかく》しました。雑種《ざっしゅ》の犬《いぬ》としては初《はじ》めてのことでもありました。

終《お》わりのない夢《ゆめ》

平成《へいせい》八年《ねん》（一九九六）三月《がつ》、雲《くも》ひとつない青空《あおぞら》の日曜日《にちようび》です。

オールドッグセンターにたくさんの人《ひと》たちが集《あつ》まってきました。みんな、聴導犬普及協会《ちょうどうけんふきゅうきょうかい》に力《ちから》をかしている人《ひと》たちです。藤井《ふじい》さんの訓練《くんれん》を受《う》けて訓練《くんれん》士《し》になった人《ひと》たちでつくった「藤井一門会《ふじいいちもんかい》」という会《かい》のメンバーや、藤井《ふじい》さんの若《わか》いときからの訓練士仲間《くんれんしなかま》もいます。そのほか、新聞社《しんぶんしゃ》や出版社《しゅっぱんしゃ》の人《ひと》たちも取材《しゅざい》にきていました。

きょうは、第十号《だいごう》となる聴導犬《ちょうどうけん》の成果発表《せいかはっぴょう》の式典《しきてん》がおこなわれるのです。式《しき》がはじまり、理事長《りじちょう》の清野《せいの》さんのあいさつが終《お》わると、水越《みずこし》さんとコータが藤井《ふじい》さんから紹介《しょうかい》されました。五十人《にん》ほどの人《ひと》たちから、いっせいに拍手《はくしゅ》がおこりました。

コータには聴導犬《ちょうどうけん》であることを証明《しょうめい》する札《ふだ》が首輪《くびわ》につけられました。札《ふだ》はプラスチック製《せい》で、オレンジ色《いろ》をした大《おお》きなおせんべいくらいで、聴導犬《ちょうどうけん》のマークがイラストで描《えが》かれています。

〈やった！　ボク、聴導犬《ちょうどうけん》になれるんだ〉

コータの顔《かお》は、得意《とくい》げに見《み》えます。

「このコータ号で、やっと十頭目《とうめ》になりました。ご協力《きょうりょく》いただいているみなさまのおかげです。心《こころ》から感謝申《かんしゃもう》し上《あ》げます。このコータ号《ごう》は、捨《す》て犬《いぬ》だったのを、うちの職員《しょくいん》がひきとって、若《わか》い水越《みずこし》くんの手《て》で聴導犬《ちょうどうけん》にまで育《そだ》て上《あ》げられたのであります。よくがんばってくれました。満点《まんてん》の合格《ごうかく》です。水越《みずこし》くん、コータ号《ごう》、おめでとう」

藤井《ふじい》さんのあいさつが終《お》わると、また大《おお》きな拍手《はくしゅ》がわきおこりました。

「取材《しゅざい》の方《かた》、訓練《くんれん》のようすを撮影《さつえい》したい方《かた》は、訓練室《くんれんしつ》のほうへどうぞ」

聴導犬普及協会《ちょうどうけんふきゅうきょうかい》の事務局長《じむきょくちょう》をしている獣医《じゅうい》の松永義治《まつながよしはる》さんが、記者《きしゃ》の人《ひと》たちを案内《あんない》しています。

「ほうー、かしこいもんだねぇ！」

「すいません、写真《しゃしん》とりたいんで、もう一回《かい》お願《ねが》いします」

記者《きしゃ》はおどろきの声《こえ》をあげ、カメラのシャッターをなんども押《お》しています。

藤井《ふじい》さんや清野《せいの》さんも取材《しゅざい》を受《う》け、うれしそうに顔《かお》をほころばせながら答《こた》えていました。

それから二年《ねん》がすぎました。水越《みずこし》さんは、藤井《ふじい》さんの学校《がっこう》の職員《しょくいん》として、卒業後《そつぎょうご》も働《はたら》いています。

コータは一人前《いちにんまえ》の聴導犬《ちょうどうけん》になれるように訓練《くんれん》を続《つづ》けましたが、使用《しよう》を予定《よてい》していた人《ひと》が大《おお》けがをしてあきらめたために、藤井《ふじい》さんはコータを、聴導犬《ちょうどうけん》普及協会《ふきゅうきょうかい》の「デモンストレーション犬《けん》」にすることにしました。デモンストレーションとは、宣伝《せんでん》のための実演《じつえん》という意味《いみ》です。

聴導犬《ちょうどうけん》は盲導犬《もうどうけん》ほどはまだまだ知《し》られていないので、全国《ぜんこく》の役場《やくば》や学校《がっこう》から、聴導犬《ちょうどうけん》のことを教《おし》えてほしいとの要望《ようぼう》が、協会《きょうかい》にたくさんよせられてきます。

すると、訓練《くんれん》のあいまをぬって、水越《みずこし》さんと助手《じょしゅ》とコータの〝三人組《さんにんぐみ》〟がクルマにのって、そこまで出向《でむ》いていきます。そして実際《じっさい》に、聴導犬《ちょうどうけん》のすばらしい行動《こうどう》をみんなに見《み》てもらうのです。コータはそのモデル犬《けん》になったのです。ライトバンというクルマに、訓練室《くんれんしつ》で使《つか》っているベビーベッドやドア、ヤカン、ふとん、電話《でんわ》などの訓練道具《くんれんどうぐ》をみんなつみこんでいきます。デモンストレーションがおわったら、また道具《どうぐ》をつんで、何時間《なんじかん》もかけて帰《かえ》ってくるので、人《ひと》も犬《いぬ》もとてもつかれます。

これも、聴導犬《ちょうどうけん》のことをもっともっと知《し》ってもらうための、大切《たいせつ》な仕事《しごと》になっていました。

清野《せいの》さんや藤井《ふじい》さんは、あいかわらず、十二号犬《ごうけん》、十四号犬《ごうけん》、十六号犬《ごうけん》と、聴導犬《ちょうどうけん》を育《そだ》てる活動《かつどう》をがんばり続《つづ》けました。

テレビや新聞社《しんぶんしゃ》、雑誌社《ざっししゃ》などから「聴導犬《ちょうどうけん》を特集《とくしゅう》したい」という問《と》い合《あ》わせが、協会《きょうかい》にひっきりなしにくるようになりました。

テレビや雑誌《ざっし》に、水越《みずこし》訓練士《くんれんし》とコータ号《ごう》が何回《なんかい》も出《で》るようになりました。

「すごい反響《はんきょう》だね、藤井《ふじい》さん」

「ありがたいね。コータはもうすっかり〝有名犬《ゆうめいけん》〟ですよ」

「この活動《かつどう》を続《つづ》けてきて、ほんとうによかった。これも藤井《ふじい》さんたちのおかげですよ」

聴導犬普及協会《ちょうどうけんふきゅうきょうかい》理事長《りじちょう》の清野光一《せいのこういち》さん

「いやいや、これからはもっと若《わか》い人《ひと》たちが、聴導犬《ちょうどうけん》の普及《ふきゅう》につとめてくれるから安心《あんしん》です」

「われわれ年寄《としよ》りは、そろそろ引退《いんたい》かな」

そんな話《はなし》をするふたり

の顔《かお》は、とてもおだやかなものでした。

平成《へいせい》十三年《ねん》（二〇〇一）のある日《ひ》、藤井《ふじい》さんは、水越《みずこし》さんを校長室《こうちょうしつ》によびました。

「じつは、アメリカの聴導犬協会《ちょうどうけんきょうかい》との交流《こうりゅう》で、向《む》こうの現状《げんじょう》の視察《しさつ》に、だれかを行《い》かせようと考《かんが》えているんだ。水越《みずこし》くん、どうだろう、行《い》ってみないかい」

「えっ、わたしがですか」

とつぜんのことで、水越《みずこし》さんはびっくり顔《がお》です。少《すこ》しためらったあとで水越《みずこし》さんは、心《こころ》を決《き》めました。

「はい、わたしでもよろしければ、行《い》かせてください」

こうして水越《みずこし》さんはアメリカにわたり、勉強《べんきょう》してくることにしました。

アメリカから帰《かえ》ってきた水越《みずこし》さんは、あらたなチャレンジを決意《けつい》していました。それは、手話《しゅわ》を覚《おぼ》えることでした。

これまで、耳《みみ》の聞《き》こえない人《ひと》が訓練《くんれん》の見学《けんがく》などに来《き》たときは、手話《しゅわ》のできる人《ひと》にお願《ねが》いして、説明《せつめい》を伝《つた》えてもらっていました。

言葉《ことば》を話《はな》せない人《ひと》と、手話《しゅわ》がわからない人《ひと》が話《はなし》をしようとすると、両方《りょうほう》ともできる「通訳《つうやく》」の人《ひと》が必要《ひつよう》です。通訳《つうやく》があいだに入《はい》るので、一つひとつの説明《せつめい》も時間《じかん》がかかります。また、ボランティアの手話通訳《しゅわつうやく》の人《ひと》が急《きゅう》に来《こ》られなくなってしまうことだってあります。

(わたしが手話《しゅわ》を覚《おぼ》えて、自分《じぶん》の言葉《ことば》で伝《つた》えればいいんだ)

水越《みずこし》さんは、協会《きょうかい》のいそがしい仕事《しごと》の合《あ》い間《ま》をぬって、手話《しゅわ》の勉強《べんきょう》にとりくみました。ボランティアの人《ひと》たちも協力《きょうりょく》してくれました。そして、手話《しゅわ》をしっかり身《み》につけることができました。

平成十五年《へいせい ねん》（二〇〇三）十一月《がつ》、藤井《ふじい》さんのもとへ、待《ま》ちに待《ま》った電話《でんわ》が入《はい》りました。聴導犬普及協会《ちょうどうけんふきゅうきょうかい》が国《くに》から「NPO法人《エヌピーオーほうじん》」として認《みと》められたという連絡《れんらく》でした。

NPO法人《エヌピーオーほうじん》とは、お金《かね》もうけを目的《もくてき》としないで、社会《しゃかい》に役立《やくだ》つ活動《かつどう》をしている団体《だんたい》といった意味《いみ》です。聴導犬普及協会《ちょうどうけんふきゅうきょうかい》にたずさわっている人《ひと》たちにとって、こんなうれしいことはありません。

平成十六年《へいせい ねん》（二〇〇四）三月《がつ》十七日《にち》、東京《とうきょう》の四谷《よつや》にある主婦会館《しゅふかいかん》で、そのお祝《いわ》いパーティーが行《おこ》なわれました。

藤井《ふじい》さんと水越《みずこし》さん、清野《せいの》さんと松永《まつなが》さん、協会《きょうかい》のみんなの顔《かお》は、よろこびに満《み》ちあふれています。

おおぜいの関係者《かんけいしゃ》が、次々《つぎつぎ》と会場《かいじょう》にやってきます。藤井《ふじい》一門会《いちもんかい》の人《ひと》たち、協会《きょうかい》の応援《おうえん》を続《つづ》けてきた人《ひと》たち、マスコミ関係者《かんけいしゃ》、広《ひろ》い会場《かいじょう》は人《ひと》でうまりました。聴導犬《ちょうどうけん》を使用《しよう》している人《ひと》たちも三人《にん》、聴導犬《ちょうどうけん》といっしょにやってきました。

式《しき》がはじまり、来賓《らいひん》から、お祝《いわ》いのあいさつがありました。最後《さいご》に藤井《ふじい》さんがお礼《れい》のあいさつをしました。

「みなさまのおかげで、協会《きょうかい》がＮＰＯ《エヌピーオー》法人《ほうじん》・聴導犬普及協会《ちょうどうけんふきゅうきょうかい》になれました。アメリカやイギリスからくらべれば、日本《にほん》の聴導犬《ちょうどうけん》を育《そだ》てる活動《かつどう》はまだまだおくれております。このすばらしい日《ひ》をむかえたことを、新《あら》たな聴導犬《ちょうどうけん》づくりの出発《しゅっぱつ》として、さらにがんばっていきたいと思《おも》います」

藤井《ふじい》さんは力強《ちからづよ》くいいました。

「ここまで来《こ》られたのも、協会《きょうかい》をはじめ、関係者《かんけいしゃ》のみなさまの支《ささ》えがあったからこそです。わたくしごとで恐縮《きょうしゅく》ですが、家族《かぞく》にも支《ささ》えてもらいました。この場《ば》で、妻《つま》と息子《むすこ》にも感謝《かんしゃ》したいと思《おも》います」

大《おお》きな拍手《はくしゅ》がわきおこりました。

藤井《ふじい》さんの後《うし》ろに立《た》っている奥《おく》さんの玲子《れいこ》さんと、息子《むすこ》さんの聡《さとし》さんが頭《あたま》をさげました。玲子《れいこ》さんの目《め》には涙《なみだ》が光《ひか》っていました。

「これからの活動《かつどう》は、水越《みずこし》くんをはじめ、若《わか》い人《ひと》たちのフレッシュなパワーに期待《きたい》したいと思《おも》います。これからもご支援《しえん》のほどよろしくお願《ねが》いします」

あいさつを終《お》えておじきをした藤井《ふじい》さんは、こみあげる涙《なみだ》をじっとがまんしているようでした。

マイクの前《まえ》に、水越《みずこし》さんとコータが呼《よ》ばれました。コータはもう十才《さい》をこえていました。この日《ひ》、デモンストレーション犬《けん》としての役目《やくめ》を引退《いんたい》することになり、記念品《きねんひん》を贈《おく》って感謝《かんしゃ》しようという表彰式《ひょうしょうしき》もはじまりました。コータの後輩《こうはい》のデモンストレーション犬《けん》も育《そだ》っています。

「コータ、まだできそうじゃないの」

お客《きゃく》さまから、老犬《ろうけん》とは思《おも》えない元気《げんき》なコータに声《こえ》がかかります。

藤井《ふじい》さんと奥《おく》さんの玲子《れいこ》さん

「コータ、かわいい」

若《わか》い女《おんな》の人《ひと》がカメラを向《む》けます。

コータの顔《かお》がアップに映《うつ》ったきれいな写真《しゃしん》の額《がく》を、水越《みずこし》さんがコータのかわりに受《う》けとりました。水越《みずこし》さんは、少《すこ》しかがみこんで、

「コータ、おつかれさま」

と、小《ちい》さな声《こえ》で話《はな》しかけました。コータはしっぽをふってこたえ、ジッと水越《みずこし》さんの目《め》を見《み》つめました。

〈あしたはどこへ行《い》くの？　ボク、がんばるからね〉

コータの目《め》は、そういっているようでした。


さわやかな春《はる》の陽気《ようき》に、さくらの花《はな》が咲《さ》きはじめました。

あたたかい日差《ひざ》しがさしこむ校長室《こうちょうしつ》で、藤井《ふじい》さんはひとり、窓《まど》から訓練場《くんれんじょう》を

ながめていました。

きょうもたくさんの犬《いぬ》たちが、若《わか》い訓練士《くんれんし》や訓練生《くんれんせい》たちといっしょに訓練《くんれん》にはげんでいます。犬《いぬ》たちの息《いき》づかいが聞《き》こえてきそうです。

「やっと十七号《ごう》か……。まだまだ育《そだ》てていかなきゃならんな」

日本《にほん》の聴導犬《ちょうどうけん》・第《だい》一号《ごう》のロッキーからはじまって、もう二十年以上《ねんいじょう》の歳月《さいげつ》が流《なが》れていました。満州《まんしゅう》での監視犬《かんしけん》の訓練《くんれん》をはじめてから、六十七年《ねん》もの月日《つきひ》が過《す》ぎていました。

(こんな年《とし》になるまで、犬《いぬ》の仕事《しごと》ができて、おれは幸《しあわ》せ者《もの》だ)

藤井《ふじい》さんのまぶたに、軍用犬《ぐんようけん》や警察犬《けいさつけん》、そして聴導犬《ちょうどうけん》たちのなつかしい顔《かお》が、つぎつぎに思《おも》い浮《う》かびました。

おわり

[著者] 桑原崇寿（くわばら　たかし）

1941年、東京生まれ。愛犬歴58年のドッグライター。現在、ラブラドール犬１頭と柴犬１頭、ミックス犬１頭と暮らしている。イラスト・出版業（有）タックイメージング経営。
作品に「捨て犬ポンタの遠い道」「３本足のタロー」「実験犬ラッキー」「聴導犬捨て犬コータ」「盲導犬チャンピィ」「身障犬ギブのおくりもの」「捨て犬ユウヒの恩返し」「２本足の犬　次朗」「麻薬探知犬アーク」（以上ハート出版）、「走れ！　哀犬ナナ」（新日本教育図書）、「がんばれブライアン」（小学館）、「大きな犬を楽しくしつける」（草思社）など多数。

[画家] 日高康志（ひだか　やすし）

宮崎県生まれ。洋画家の故・宮永岳彦画伯（二紀会理事長）に入門、内弟子となる。1976年、二紀会絵画部門に初入選、以後毎年入選するほか、二紀会選抜展、東京二紀賞受賞。現在、日本美術家連盟会員。

●ご協力いただい方々
藤井さんご一家、聴導犬普及協会、水越みゆきさん
オールドッグセンターの皆さん、日本訓練士養成学校の生徒の皆さん

聴導犬ロッキー

平成18年4月24日　第1刷発行

著　者　桑原崇寿
発行者　日高裕明
発　行　株式会社ハート出版

ハート出版ホームページ
http://www.810.co.jp

〒171-0014
東京都豊島区池袋3-9-23
TEL.03-3590-6077
FAX.03-3590-6078

定価はカバーに表示してあります

印刷・製本／図書印刷

ISBN4-89295-536-1 C8093

© Kuwabara Takashi

ドキュメンタル童話・犬シリーズ

ある野良犬の勇気と希望の実話

捨て犬ポンタの遠い道

●東三河推奨図書

捨て犬として生まれ、ひとりぼっちで生きたポンタ。過酷な野生生活、虐待、心身症になったポンタが、温かい人々とめぐり会って心を開き、幸せになるまでの感動ドラマ。

4-89295-199-4

桑原崇寿・作／画

なぜ、ボク捨てられたの？

3本足のタロー

●埼玉県推奨図書

右前足のない捨て犬が、熱心な保護活動で救われ、里親にめぐりあい幸せになるまでの軌跡。障害をもったタローも、ハナコとのあいだに子犬が生まれ立派な父親に。

4-89295-200-1

桑原崇寿・作

ボクたち友だちなのに、なぜ？

実験犬ラッキー

動物実験センターから逃げ出したシベリアンハスキー。大学から来た引き取りの魔手を逃れ、やさしい飼い主の家族の一員に。やがて酒屋の店先でリンゴを売る「看板犬」として街の人気者になる。

4-89295-216-8

桑原崇寿・作

日本初の盲導犬を育てた塩屋賢一ものがたり

盲導犬チャンピィ

●NHKプロジェクトXで放送

戦後まもない頃、盲導犬の育て方もわからないままチャレンジした人がいた。目隠しをして事故も恐れず体当たりで臨んだ熱血飼育のはてに、日本初の盲導犬は生まれた。

4-89295-223-0

桑原崇寿・作

本体価格：各1200円

ドキュメンタル童話・犬シリーズ

生きる力をありがとう！
身障犬ギブのおくりもの

●東映児童教育映画化
八匹兄弟の中に一匹だけ、片方の前足が曲がった子犬がいた。ギプスからギブ（与える）に名前を変えて元気に成長。障害をもった犬とその家族がたどる愛と勇気の物語。

4−89295−225−7　桑原崇寿・作

おばあちゃんを助けて！
捨て犬ユウヒの恩返し

荒川の河川敷で暮らすホームレスのおばさんは、いつも捨て犬といっしょ。集中豪雨でテントが流されて、犬たちとも離ればなれに。新聞で報道された三年間の事実。
4−89295−245−1　桑原崇寿・作／森田あずみ・画

セラピー犬にチャレンジ
2本足の犬 次朗

●日本図書館協会選定図書・NHK出演
列車事故で後ろ足をうしなった犬がボランティアの熱心な介護で奇跡的に回復。いまでは施設のお年寄りや病気に悩む人を癒やすセラピー・ドッグとして活躍している。

4−89295−272−9　桑原崇寿・作

ぼくたちが日本の子供を守る
麻薬探知犬アーク

●東京税関推奨図書・埼玉県推奨図書
若者にしのびよる薬物は絶対に許さない。税関のスーパードッグが自慢の鼻で、持ち込みを阻止する。成田空港に飛行機が到着「さあ、戦闘開始！」、がんばれアーク。

4−89295−288−5　桑原崇寿・作

本体価格：各1200円